KB064655

재밌어서 밤새 읽는

한국사 이야기 3

재밌어서 밤새 읽는
한국사 이야기 3

조선 시대 전기

공명진 · 김태규 · 윤경수 · 이인용(재밌는이야기역사모임) 지음

더숲

머리말

〈대장금〉, 〈장희빈〉, 〈이산〉, 〈사도〉, 〈철인왕후〉……

여러분이 한 번쯤 들어 보았을 법한 이 이름들은 모두 조선 시대에 살았던 사람들을 소재로 만들어진 텔레비전 드라마와 영화의 제목이다. 수백 년 전에 살았던 이들의 이야기가 마치 어제 일어난 일처럼 잘 알려져 있고 좋아하는 이유는 무엇일까?

그것은 바로 《조선왕조실록》이라는 세계적으로 자랑할 만한 기록 문화유산이 조선의 모습을 비교적 상세하게 우리에게 전해 주고 있기 때문이다. 후세에게 역사의 참모습을 전해 주고자 노력한 우리 조상들의 올곧은 마음가짐이 만들어 낸 이 놀라운 기록은 지금 우리에게 많은 역사의 순간을 알려 준다. 500년 왕조의 문을 연 태조 이성계에서 조카를 죽이고라도 왕이 되고자 한 세조, 땅에 머리를 찧어야 하는 굴욕을 견뎌야 했던 인조까지, 그리고 세종 시대의 태평성대에서 왜란과 호란의 참혹하고도 비참한 시대까지 많은 이들의 이야기와 시간의 흐름이 그대로 담겨 있다.

이성계가 위화도에서 군대를 돌리며 본격적으로 시작된 새 나라 건국의 움직임은 신진 사대부 사이에서도 찬성과 반대가 엇갈렸고, 이는 조선 건국 직후에도 조선에 참여하기를 거부하는 사림 세력으로 이어져 조선의 역사 전개에 영향을 미치게 된다.

조선이 몇 차례의 치열한 권력 다툼을 거치면서 지배 체제를 완성해 가는 과정, 사림 세력이 참여하여 성리학 중심의 국가로 발전하면서 벌어지는 일들, 왜란과 호란이라는 두 차례의 큰 전쟁으로 나라의 근본이 뿌리부터 흔들리는 시기까지가 이 책《재밌어서 밤새 읽는 한국사 이야기 3》에서 다루는 내용이다.

이 내용 가운데에는 어디에선가 보았거나 들어 본 이야기들이 많아 더욱더 재미있고 흥미롭게 느껴질 것이다. 이렇게 우리는 역사와 만나고 그 시간의 길 위에 서 있다.

차례

제3장

조선, 외적의 침입을 물리치다

한국사와 세계사를 한눈에 읽는 연표

* 조선의 왕들은 재위 연도

동양사	한국사(조선 시대 전기~중기)	서양사
1368 중국, 명 건국		
1370 티무르 제국 성립(~1507)		
	1388 위화도 회군	
	1392 고려 멸망, 조선 건국 　　제1대 태조(~1398)	
	1394 한양 천도	
	1398 제1차 왕자의 난 　　제2대 정종(~1400)	
	1400 제2차 왕자의 난 　　제3대 태종(~1418)	
	1401 신문고 설치	
1405 명, 정화의 항해(~1433)	1418 제4대 세종(~1450)	
		1429 프랑스, 잔 다르크가 영국군 격파
		1431 프랑스, 잔 다르크 화형
	1434 4군 6진 개척	
	1443 계해약조, 훈민정음 창제	
	1445 《용비어천가》 편찬	
	1446 훈민정음 반포	
	1450 제5대 문종(~1452)	1450 구텐베르크, 인쇄술 발명
	1452 제6대 단종(~1455)	
1453 비잔티움 제국, 오스만 제국에게 　　멸망	1453 계유정난	1453 영국·프랑스, 백 년 전쟁 종결 　　(1337~)
	1455 제7대 세조(~1468)	1455 영국, 장미 전쟁(~1485)
1467 일본, 전국 시대 시작(~1590)		
	1468 제8대 예종(~1469)	
	1469 제9대 성종(~1494)	
	1485 《경국대전》 시행	
		1488 바르톨로메우 디아스, 희망봉 　　발견
		1492 콜럼버스, 아메리카 항로 개척
	1494 제10대 연산군(~1506)	
	1498 무오사화	1498 바스쿠 다가마, 인도 항로 개척
1501 이란, 사파비 왕조 성립(~1736)		
	1504 갑자사화	
	1506 중종반정, 제11대 중종(~1544)	
	1510 삼포 왜란	

동양사	한국사(조선 시대 전기~중기)	서양사
		1517 루터의 종교 개혁
	1519 기묘사화	1519 마젤란, 세계 일주
		1521 아스테카 제국 멸망
1526 인도, 무굴 제국 성립(~1857)		
		1532 잉카 제국 멸망
		1536 칼뱅의 종교 개혁
	1543 백운동 서원 설립	1543 코페르니쿠스, 지동설 주장
	1544 제12대 인종(~1545)	
	1545 을사사화, 제13대 명종(~1567)	
		1555 독일, 아우크스부르크 화의
	1559 임꺽정 무리 활동	
	1567 제14대 선조(~1608)	
1571 오스만 제국, 레판토 해전 패배		1582 갈릴레이, 중력의 법칙 발견
		1588 영국, 무적함대 격파
	1592 임진왜란(~1598), 한산 대첩	
	1597 정유재란, 명량 대첩	
	1598 노량 대첩	1598 프랑스, 낭트 칙령
		1600 영국, 동인도 회사 설립(~1858)
1603 일본, 에도 막부 수립(~1867)		
	1608 경기도에 대동법 실시 제15대 광해군(~1623)	
	1610 《동의보감》 완성	
1616 여진족, 후금 건국		
		1618 독일, 30년 전쟁(~1648)
	1623 인조반정, 제16대 인조(~1649)	
	1624 이괄의 난	
	1627 정묘호란	
		1628 영국, 권리 청원 제정
1630 인도, 타지마할 건설(~1648)		
1636 후금, 국호를 '청'으로 고침	1636 병자호란(~1637)	
		1642 영국, 청교도 혁명
1644 중국, 명 멸망		
		1648 베스트팔렌 조약 체결

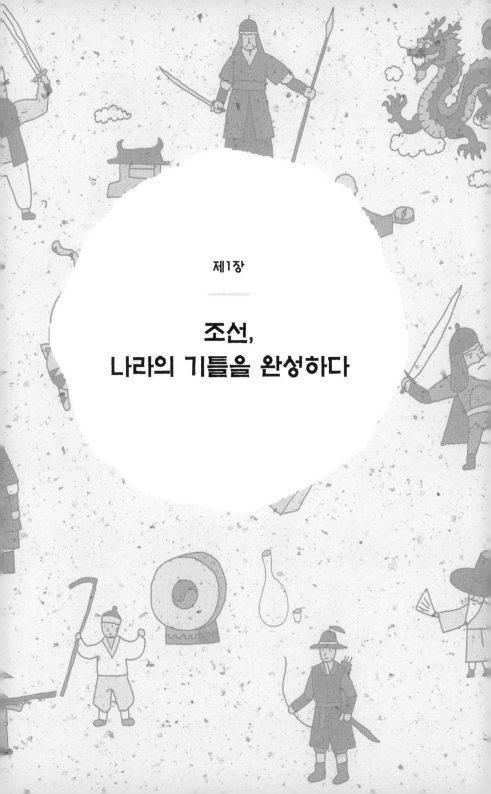

제1장

조선,
나라의 기틀을 완성하다

조선을 세운 사람은
이성계일까,
정도전일까?

고려 말은 왜구와 홍건적의 침입으로 나라의 기틀이 흔들린 위기의 시대였다. 그리고 새 나라 조선의 왕이 되는 이성계는 외적을 막아 내고 낡은 세력을 몰아내면서 조선 건국의 중심인물이 되었다.

하지만 조선 건국의 일등 공신 정도전은 "조선의 왕은 이성계지만, 이성계는 내가 계획한 대로 움직여 조선을 세웠다!"라고 말할 정도로 조선 건국에 있어 자신의 역할을 크게 평가했다. 그만큼 정도전은 신하들이 중심이 되는 새로운 나라를 꿈꾸었다. 조선을 세운 사람은 정도전일까, 아니면 이성계일까?

다시 등장한 이름 조선

고려 말 신흥 무인 세력과 신진 사대부 세력은 힘을 합쳤다. 신흥 무인 세력은 홍건적과 왜구의 침입 등으로 어지러운 고려 말 그들과의 전투에서 여러 차례 승리를 거둔 장군 이성계가 중심이었고, 성리학을 기본 이념으로 한 신진 사대부 세력은 정도전 등이 중심이었다. 우왕과 최영이 추진한 요동 원정에 반대하며 일으킨 위화도 회군을 통해 고려의 군사와 정치를 장악한 이들은 정몽주 등 반대파를 제거하면서 1392년 새로운 나라 조선을 세웠다.

조선을 건국한 이성계는 무엇보다 백성들이 새 나라를 어떻게 생각할지 걱정되었다. 500년 고려가 하루아침에 무너졌으니 장차 나라가 어찌 될 것인가 하는 근심에 백성들은 혼란스러워했다. 이성계는 모든 것이 고려 때와 크게 다르지 않을 것이라며 백성들의 동요를 막고자 애썼다. 그래서 나라 이름도 '고려'라는 이름을 그대로 사용하고 고려의 수도 개성을 그대로 수도로 삼아 급작스러운 변화로 인한 충격을 줄이려고 노력했다.

그러나 점차 민심이 안정되자 새 나라의 모습을 서서히 만들어 가는 일에 착수했다. 먼저 새 나라의 이름을 정했다. 이성계의 고향에서 따온 '화령'과 단군이 세운 우리 민족 최초의 국가 '조선'이 후보에 올랐다. 그리고 드디어 우리 민족의 역사를 담고 있는 조선이 새 나라의 이름으로 정해졌다. 비록 명나라 황제가 지어 준 이름을 받는 형식을 취했지만, 이는 중국에서 강자로 떠오르고 있는 명나라의 체면을 살려 주는 동시에 새 왕조가 국제적으로 인정받는 나라임을 알려, 국내외적으로 안정을 취하기 위한 방도였다. 이처럼 이성계가 건국한 나라를 '조선'이라는 이름으로 부르면서, 단군왕검이 세웠다는 우리 민족 최초의 국가를 '고조선'이라고 부르게 되었다.

조선을 설계한 정도전

고려 말 유명한 학자 이색은 지금의 학교와 같은 역할을 하여 훌륭한 인재를 배출했는데, 그의 제자 중에서 정몽주와 정도전이 단연 으뜸이었다. 그런데 둘의 길은 달랐다. 정몽주는 무너져 가는 고려를 다시 세우고자 목숨을 바친 반면, 정도전은 고려를 무너뜨리고 새 나라를 세우는 데 가장 큰 공을 세웠다.

정도전은 원나라를 멀리하고 친명 외교를 펼쳐야 한다고 주장하다가 귀양살이를 했다. 4년간의 귀양살이가 끝난 후에도 정도전은 관직에 다시 나가지 못해 어려운 생활을 이어 갔다. 이 시기에 정도전은 부패한 고려의 정치로 고통 속에 살고 있는 농민들의 모습을 보면서 새로운 정치의 필요성을 뼈저리게 느꼈다. 이때의 경험은 정도전을 혁명가로 이끌었다.

정도전은 새로운 세상을 꿈꾸며 자신의 꿈을 실현시킬 인물을 찾아 나섰고, 얼마 지나지 않아 이성계가 정도전의 눈에 들어왔다. 정도전은 이성계의 인품과 그의 명령에 일사불란하게 움직이는 잘 훈련된 군대를 보고는 혁명의 가능성을 엿보았다. 이성계 역시 정도전이 마음에 큰 뜻을 품고 있음을 눈치챌 수 있었다. 그리고 이성계를 만난 정도전은 이성계의 오른팔이 되어 조선 건국에 앞장섰다.

조선 건국 후 정도전은 이성계에 대한 절대적인 믿음 속에 자신이 꿈꾸어 온 세상을 만들기 위해 노력했다. 조선의 수도 한양은 정도전의 생각이 녹아 있는, 정도전이 설계한 도시였다. 그뿐만 아니라 《조선경국전》을 지어 신하가 중심이 되는 조선의 기본적인 정치 제도와 국가의 기틀을 마련했다.

고려 말 원나라의 간섭이 시작된 뒤 불교 세력은 왕과 귀족의 후원으로 막대한 재산을 소유하고, 심지어는 재산을 불리기 위해 고리대금업을 일삼는 등 나라를 구해야 할 종교가 정작 백성들의 아픔을 달래는 데에는 무관심했다. 이 같은 불교의 타락한 모습은 정도전이 꿈꾸는 새 나라에 맞지 않았다. 정도전은 '부처의 잡스러운 소리'라는 뜻을 가진 제목의 《불씨잡변》을 지어 불교를 비판하면서 '성리학'이라는 새로운 사회사상을 조선의 바탕으로 삼았다. 거기에 낡고 부패한 불교가 설 자리는 없었다.

이처럼 조선의 수도 선정은 물론 새 나라를 이끌 통치 구조를

정도전의 시가, 산문, 제도 개혁안 등을 엮은 《삼봉집》에 수록된 《불씨잡변》. 성리학 사상에 바탕을 둔 조선이 건국되면서 불교의 타락을 비판한 이 책은 조선의 숭유 억불 정책을 상징적으로 보여 준다(그림 1).

결정하는 일에 이르기까지 조선 건국에서 막강한 역할을 해냈기 때문에 정도전은 조선의 왕은 이성계지만 조선을 설계한 사람은 바로 자신이라는 생각을 내심 갖고 있었다.

고려의 남경, 조선의 한양이 되다

나라를 세운 다음은 새 나라에 걸맞은 새 수도를 정할 차례였다. 새로운 나라를 세운 것에 대한 여론 때문에 마지못해 개경을 계속 수도로 삼겠다고 했지만, 사실 이성계는 개경을 수도로 할 마음이 털끝만큼도 없었다. 개경은 500년 고려의 수도로서 어느

곳보다 고려를 그리워하는 고려의 충신들이 많이 살고 있어 고려의 그림자가 짙게 드리워진 곳이었다.

이런 가운데 두문동 사건이 발생했다. 조선 건국에 반대하는 고려의 신하들이 벼슬에 나아가기를 거부하고 두문동에 들어가 나오지 않자 두문동에 불을 질렀는데, 무려 72명이나 되는 이들이 조선에 참여하는 대신 죽음을 택한 것이다(두문동 72현. '집에서 은거하면서 관직에 나가지 않거나 사회의 일을 하지 않는다'는 의미의 사자성어 두문불출은 여기에서 비롯되었다). 그렇지 않아도 개경에서 마음이 떠난 이성계는 새로운 도읍지를 정해야겠다는 결심을 굳혔다.

그런데 조선 건국에 기여한 공신 대부분은 개경과 그 일대에 많은 땅을 갖고 있어서 수도를 옮기는 데 반대했다. 하지만 새 나라가 들어선 만큼 새로운 곳에 도읍을 정해야 한다는 것이 이성계의 생각이었다. 이성계는 일부 신하의 반대를 무릅쓰고 서둘러 수도를 정하기 위한 준비에 들어갔다. 충청도의 풍수지리 명당 터로 알려진 계룡산 자락이 가장 먼저 후보로 떠올라 이내 공사가 시작되었다. 이곳에는 오늘날에도 '신도안'이라는 지명이 남아 있어 새로운 수도의 후보지였음을 알려 주고 있다. 그러나 신도안 지역은 궁궐을 짓기에는 너무 좁고 교통도 불편하다며 수도로서 적당하지 않다는 주장이 나왔다. 풍수지리설의 대가로 이름 높은 하륜 등을 중심으로 반대 여론이 펼쳐지면서 계룡산 밑 수도는 없던 일이 되었다.

신도안 지역으로의 이전을 반대한 하륜이 새 후보지로 주장한 곳은 현재 연세대학교 뒤쪽 안산을 배경으로 하는 신촌 일대였다. 하지만 이곳 역시 한 나라의 수도로서는 좁다며 반대 여론이 높았다. 결국 옛 고려의 별궁이 있던 북한산 아래 지역, 즉 오늘날의 경복궁 터를 기반으로 하는 한양이 최종적으로 확정되었다.

우여곡절 끝에 정해진 한양은 수도로서 여러 장점이 있었다. 우선 지리적으로 한반도의 중앙에 자리 잡고 있어서 나라의 구석구석에 영향력을 미치기에 적합했다. 또한 한강을 통해 강원도, 충청도, 경기도 지역은 물론 서해를 통해 전라도와 경상도 지역까지 연결되는 교통의 중심지였다. 무엇보다도 사방을 둘러싼 북악산과 인왕산, 남쪽에 흐르는 한강은 외적의 침입을 막는 자연적 방어선이 되어 주었다. 한양을 둘러본 이성계는 흡족해하며 도성 건설을 명했고, 이렇게 한양은 조선의 수도가 되었다.

정도전이 디자인한 도시 한양

한양은 고려 시대에 '남경'으로 불리며 중요시되는 도시였다. 일단 도읍지로 한양이 결정되고 난 후에는 그야말로 일사천리로 모든 것이 진행되었다. 백두대간의 정기가 모이는 풍수지리의 명당에 세워진 궁궐에는 '경복궁'이라는 이름을 붙였다.

정도전은 경복궁 터를 중심으로 제왕은 남쪽을 향한다는 논리에 따라 남산을 바라보는 방향으로 왕궁의 방향을 잡았다. 또 도성을 건설할 때의 원칙인 좌묘우사의 원칙에 따라 왕궁을 중심으로 동쪽(왼쪽)으로는 종묘를 두고, 서쪽(오른쪽)에는 사직단을 두어 조선이 오래도록 평안할 것을 기원했다. 궁궐의 이름은 물론이고 각 건물의 이름과 사대문, 사소문의 이름도 정도전이 손수 지었다. 유학자인 정도전은 이름을 지을 때 유교의 중심이 되는 인, 의, 예, 지, 신의 덕목을 넣어 흥인지문, 돈의문, 숭례문 등으로 지었다.

천도를 간절히 바라던 이성계는 궁궐이 채 완성되기도 전에 서둘러 한양으로 도읍을 옮겼다. 경복궁을 중심으로 남쪽에는 목멱산(남산)이, 북쪽에는 북악산이, 동쪽에는 타락산(낙산)이, 서쪽에는 인왕산이 자리 잡고 있어 산이 사방으로 궁궐을 둘러싸고 있었다. 한양을 지키고 방어하기 위해 이 산들을 연결하여 도성을 쌓았다. 약 20만 명을 동원하여 100일에 걸쳐 완성한 도성은 그 길이가 약 18킬로미터에 이르렀다. 일제 강점기를 거치면서 많이 허물어졌지만 남아 있는 흔적을 연결한 서울 한양 도성 성곽 길은 시민들이 즐겨 찾는 서울의 명소가 되었다.

　한양은 새로이 도시를 세우면서 산을 깎고 강을 메우는 등 자연을 손상하지 않고 최대한 보존하면서 건설한 도시다. 그 결과 한양은 다른 계획도시들처럼 네모반듯한 형태에 곧고 넓은 길이 도성을 가로지르는 정돈된 모습을 보이지는 않는다. 하지만 네 개의 산으로 둘러싸인 자연과 사람이 만든 성곽, 그 사이의 도로들이 조화롭게 어울려 세계의 다른 도시들에서는 찾아볼 수 없는 독특한 한국의 멋을 자랑하는 도시로 발전해 지금의 서울이 되었다.

세계 최대의 역사 기록 《조선왕조실록》

"노루다!"

몰이꾼들이 소리를 지르며 겁에 질린 노루를 한쪽으로 몰았다. 커다란 노루 한 마리가 숲에서 나와 쏜살같이 달리기 시작했다. 태종은 말에 납작 엎드려 전속력으로 노루를 쫓았다. 드디어 노루가 사정권에 들어왔다. 태종은 달리는 말 위에서 한껏 활시위를 당겼다. 쫓아오는 신하들 앞에서 오랜만에 활 솜씨를 뽐낼 절호의 기회였다. 그때 달리던 말의 앞발이 무엇인가에 걸려 중심을 잃더니 이내 거꾸러졌다. 태종도 보기 좋게 땅에 떨어져 몇 바퀴를 구른 후 바로 일어나 주변을 향해 재빨리 소리쳤다.

"사관이 알게 하지 말라!"

조선 최고의 권력자인 임금. 그런 임금의 일거수일투족은 사관에 의해 낱낱이 기록되었다. 자신의 모든 행동이 기록된다는 것은 임금에게도 매우 부담되는 일이었다. 이날 태종은 자신이 말에서 떨어져 노루를 놓친 것보다, 사관이 그것을 기록에 남겨 두고두고 이야깃거리가 되는 것이 싫었다. 하지만 그런 태종의 희망에도 그날의《태종실록》에는 태종이 말에서 떨어진 이야기가 빠짐없이 기록되었다. 심지어 "사관이 알게 하지 말라고 말씀하셨다"라는 말까지 덧붙여진 채 말이다.

《조선왕조실록》은 조선 건국 이후부터 제25대 임금 철종에 이르기까지 472년간의 역사를 연월일 순서에 따라 작성하는 편년체 형식으로 기록한 역사책이다. 철종의 뒤를 이은 고종과 순종 대에도《조선왕조실록》은 편찬되었지만, 모두 일제 강점기에 일제의 영향력 아래 편찬된 것이라 역사적 사실이 왜곡되었다. 따라서 이 부분을 빼고 철종까지의 기록만을《조선왕조실록》으로 간주한다. 500년 가까운 긴 시간 동안 한결같이 국가의 모든 일을 기록으로 남긴 이 책은 세계 최대의 역사책으로 가치를 인정받아 1997년《훈민정음해례본》과 더불어 유네스코 세계 기록 유산으로 등록되었다.

기록자인 사관이 있는 그대로 정확하고 올바른 역사적 사실을 전하기 위해 쓴 내용은 최고 권력자인 왕조차 함부로 볼 수 없도록 해, 사관들이 사실만을 적을 수 있도록 했다. 왕의 입장에서는 사관이 자신에 대해 어떻게 쓸 것인지 신경 쓰지 않을 수 없었다. 그런 면에서 실록 편찬 자체는 신하들이 왕권을 견제하는 유교 국가의 한 모습이었고, 이런 전통이 이어져 조선은 500년의 역사를 이어 갈 수 있었다.

태종은
왜 형제까지
죽여야 했을까?

조선 건국 초 고려를 지키던 충신들은 조선에 협력해 달라는 이성계의 부탁을 뒤로하고 두문동에 들어가 아무도 나오지 않았다. 불을 지르면 나올까 싶어 마을에 불을 질렀으나, 모두 타 죽는 길을 택했다. 고려 왕족의 후손들이 반란을 일으킬까 걱정된 이성계는 왕씨들을 섬으로 들어가 살게 한다며 배에 태웠는데, 그 배가 침몰하는 바람에 왕씨 후손은 대부분 죽었거나 목숨을 건진 이는 산속 깊은 곳에 들어가 신분을 숨긴 채 살았다.

이런 죗값을 치른 것일까? 조선을 건국한 태조 이성계는 얼마 지나지 않아 자식들끼리 죽고 죽이는 살육의 현장을 두 눈으로 지켜보는 고통을 당해야 했다. 이성계의 아들들 즉 조선의 왕자들은 무엇 때문에 서로를 죽여 가며 피를 흘려야 했을까?

내가 제일 잘났어, 왕위를 노린 이방원

이성계가 조선을 건국하는 과정에서 그의 가족은 큰 역할을 했다. 두 번째 부인 신덕 왕후는 건국의 고비에서 이성계가 망설일 때마다 결단을 내릴 수 있도록 도왔으며, 아들들은 나름대로 아버지를 위해 목숨을 걸고 새 나라 건설에 참여했다.

그중에서 가장 돋보인 아들은 단연 다섯째 이방원으로, 첫 번째 부인 신의 왕후가 낳은 아들이었다. 이방원은 새 나라 건국 반대에 앞장선 정몽주를 아버지 이성계의 허락을 구하지 않고 선죽교 위에서 죽였다. 어떻게든 정몽주의 마음을 돌리려 애쓴 이성계의 노력은 물거품이 되었고, 사람들은 죽은 정몽주를 충신으로 여기며 기렸다. 이에 이성계는 크게 노했다. 하지만 결과적으로 이방원은 조선 건국의 가장 큰 걸림돌인 정몽주를 제거해 여러 아들 가운데 조선 건국에 가장 큰 역할을 했다. 이 때문에 이방원이 태조 이성계의 뒤를 이어 조선의 왕이 될 것이라고 본인은 물론 주변 사람들 대부분이 믿고 있었다.

그러나 정도전은 생각이 달랐다. 현명한 사람이 왕이 될 때도 있지만, 어리석은 사람이 왕이 될 때도 있다. 그러므로 많은 사람

가운데 뽑혀서 능력을 검증받은 재상(임금을 보좌하며 모든 관원을 지휘·감독하는 일을 맡은 벼슬)들이 정치의 중심이 되어야 한다고 생각했다. 정도전은 이방원이 조선 건국에 큰 공을 세운 것은 인정하나 강력한 카리스마를 갖고 있어 나라의 중요한 일을 재상들과 논의하여 결정할 사람이 아니라고 보았다. 다시 말해 이방원은 정도전이 꿈꾸는 세상에 적합한 왕의 재목이 아니었다.

이방원이 마음에 들지 않기는 태조 역시 마찬가지였다. 새 나라 건국에 반드시 함께하고 싶었던 정몽주를 살해하고 왕권에 대한 욕심을 노골적으로 드러내는 이방원이 못마땅했다. 여기에 더해 태조의 둘째 부인 신덕 왕후는 자신이 낳은 아들이 왕위에 오르기를 바랐다. 이방원이 못마땅한 태조, 신하들이 중심이 되는 새 나라를 원한 정도전, 그리고 자신의 아들을 왕으로 만들고 싶은 신덕 왕후, 이 세 사람은 결국 막내아들 이방석을 세자로 선택했다. 세자 자리를 원하던 이방원은 분노했지만 어쩔 도리가 없었다.

이방원, 칼을 빼 들다 - 제1·2차 왕자의 난

세자를 세운 태조와 정도전은 왕권을 더욱 단단히 하기 위한 정책을 실시했다. 쇠뿔도 단김에 빼랬다고 정도전은 이방원을 비롯한 왕사들과 개국 공신들이 거느리고 있는 사병을 모두 없에기로 했다. 이를 통해 군사력을 국왕에게 집중시켜 반란을 막고 국가를 안정시키고자 했다. 이에 이방원은 조급해졌다. 사병마저 빼앗기면 다시는 세자 자리에 도전할 힘이 없어지기 때문이었다. 그래서 이방원은 드디어 칼을 빼 들었다.

1398년 음력 8월 26일, 늦은 저녁 아프다는 핑계로 일찍 궁에서 나온 이방원은 부인이 몰래 숨겨 놓은 무기들로 사병을 무장시키고 거리로 나섰다. 먼저 제거할 대상은 재상 중심의 나라를 꿈꾸며 정면으로 맞서고 있는 정도전과 남은이었다. 이방원은 계획대로 그들을 찾아내 처형했다. 이성계의 첫째 부인이 낳은 이방원의 친형제들은 행동을 함께했고, 세자 이방석과 이방번 등 신덕 왕후가 낳은 자식들 그리고 그와 관련된 사람들은 대부분 죽임을 당했다. 왕자끼리 권력을 둘러싸고 피를 흘렸다 하여 이 사건을 '왕자의 난'(제1차 왕자의 난, 1398년)이라고 부른다.

조선을 건국하는 과정에서 가장 믿고 의지한 정도전에 이어 세자와 다른 아들 이방번마저 죽었다는 소식을 들은 이성계는 큰 충격을 받고 왕의 자리에서 물러났다. 그러나 이성계는 형제를 죽이고 권력을 차지한 이방원에게만은 왕위를 물려주고 싶지 않았다. 큰아들은 이미 몇 해 전 젊은 나이에 죽었기 때문에 둘째 아들 이방과에게 왕위를 물려주고 상왕으로 물러났다. 이렇게 조선의 제2대 임금 정종이 왕위에 올랐지만 사실상 모든 권력은 이

방원이 차지했다.

정도전과 세자라는 공통의 적이 사라진 후 왕자의 난을 일으
킨 이방원의 형제 사이에 또 한 번 왕위를 둘러싼 난리가 일었다.
이성계가 첫째 부인과의 사이에 둔 아들 여섯 중 가장 왕이 되기
를 원한 아들은 넷째 이방간과 다섯째 이방원이었다. 동생에게
번번이 밀린 방원의 형 이방간은 이방원이 주도해 되찾은 왕권
을 노리고 자신처럼 이방원에 불만을 품은 박포 등과 함께 군내

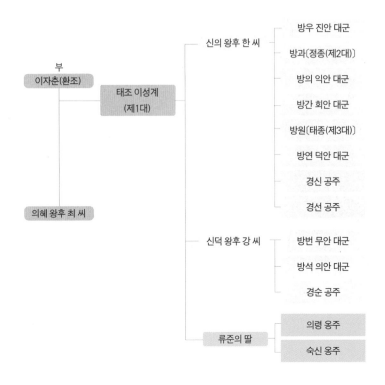

조선 제1대 왕 태조 이성계 가계도

부
이자춘(환조)

태조 이성계
(제1대)

신의 왕후 한 씨

방우 진안 대군

방과(정종(제2대))

방의 익안 대군

방간 회안 대군

방원(태종(제3대))

방연 덕안 대군

경신 공주

경선 공주

의혜 왕후 최 씨

신덕 왕후 강 씨

방번 무안 대군

방석 의안 대군

경순 공주

류준의 딸

의령 옹주

숙신 옹주

를 일으켰다(제2차 왕자의 난, 1400년).

이들의 시도는 곧 이방원에 의해 진압되었다. 이방원은 박포를
처형하고 형 방간을 귀양 보내면서 난을 수습했다. 이로써 이방
원 앞에 놓여 있던 모든 장애물이 제거되었다. 왕이 되어서도 동
생 방원의 눈치만 보던 정종은 제2차 왕자의 난이 끝난 뒤 상왕
이성계의 허락을 받아 왕위를 동생 방원에게 물려주었다.

이방원은 부모 앞에서 형제들을 죽이고 조선 개국의 일등 공신들마저 없애면서 마침내 그토록 그려 온 왕의 자리에 올랐다. 그가 바로 조선의 제3대 왕 태종이다. 고려를 무너뜨리고 나라를 세운 조선의 건국자 이성계는 자신의 후계자 자리를 놓고 아들 사이에서 벌어지는 살육을 보며 어떤 생각을 했을까?

500년 조선 왕조의 터를 다진 태종

"휘익~."

시위를 떠난 활이 태종 이방원의 발 앞에 꽂혔다.

'나를 용서해 주시는구나.'

태종은 가슴을 쓸어내리며 이렇게 생각했다. 나이가 들었다지만 평생을 전장에서 살아온 태조 이성계는 누가 뭐래도 조선 최고의 명궁이었다. 그 사실을 잘 아는 태종은 이성계가 쏜 화살이 자신의 발 앞에 떨어지자 맞히지 못한 것이 아니라 일부러 그리 쏘았다고 생각했다. 다른 형제들을 죽인 이방원이 왕이 된 것이 못마땅하지만 어쩔 수 없이 왕으로 인정해야 했던 이성계의 분노는 이 살곶이(지금의 서울시 사근동) 다리에 지금까지 전해지는 이야기다. 태종 이방원은 이처럼 어렵사리 아버지로부터 왕으로 인정받았다.

개국 공신과 형제를 죽이면서까지 왕위에 오른 태종은 500년 조선 왕조의 기틀을 잡아 갔다. 정치적으로는 모든 권력을 왕에게 집중시켰다. 국가의 중요한 일은 하나부터 열까지 모두 왕이 직접 결정하도록 하면서 왕권을 강화했다(6조 직계제). 군사적인 면에서는 국왕 외에는 누구도 사병이나 군대를 보유할 수 없도록 사병 제도를 폐지했는데, 이는 왕권 강화에 크게 도움이 되었다. 한편 재정적으로는 나라의 살림살이를 위해 안정적인 세금 확보가 필요했다. 세금을 내야 할 사람이 얼마나 되는지 파악하면 대체로 한 해 동안 들어올 세금이 결정된다. 이를 위해 전국의 인구를 파악할 목적으로 호패법을 실시한 것 역시 태종이다.

태종은 마치 임금이 될 준비가 되어 있었던 것처럼 신흥 왕국 조선에 필요한 일들을 하나씩 처리해 나갔다. 태종은 자신의 셋째 아들에게 일찌감치 왕위를 물려주고 상왕의 자리에 앉아서도 왕권 안정을 위해 노심초사했다. 이런 태종의 노력으로 제4대 임금 세종은 안정된 나라를 물려받을 수 있었다. 그리고 그것이 세종 시대 문화 발전의 바탕이 되었다.

함흥차사는 정말 감감무소식이었을까?

왕위를 둘러싼 아들들의 피비린내 나는 다툼에 절망한 이성계는 왕위를 둘째 아들 이방과에게 물려주고 서둘러 고향 함흥으로 돌아갔다. 이후 제2대 정종으로부터 왕의 자리를 물려받은 태종 이방원은 여러 차례 차사를 보내 아버지를 한양으로 모시려 했지만, 그때마다 태조는 차사를 활로 쏘아 죽였다. 이때부터 사람들 사이에서는 심부름을 간 사람이 아무 소식 없이 돌아오지 않으면 '함흥차사'라고 부르게 되었다. 이것이 우리가 알고 있는 함흥차사와 관련된 이야기다.

이 이야기는 역사적 사실이 아니다. 실제로 태조는 왕자의 난이 두 차례 벌어진 후 이방원을 크게 원망하면서 함흥으로 떠났다. 그 후 태종 이방원이 태조의 믿음이 두터운 성석린을 보내자 이내 궁궐로 돌아왔다. 하지만 여전히 화가 가라앉지 않은 태조는 다시 함흥으로 떠나 버렸다. 그 뒤에는 좀처럼 한양으로 돌아오지 않다가 무학 대사의 권유로 돌아왔다.

이처럼 실제 사실과 다르게 알려진 것은 성노선과 두 형제를 죽이고 왕위에 오른 태종을 비난하고, 두 눈으로 그 비극을 보고 겪은 태조를 동정하면서 백성들이 만들어 낸 이야기가 전해진 까닭이다.

백성들은 정말
신문고를 두드렸을까?

정부나 공공 기관의 소극적인 태도와 공정하지 못한 정책 등으로 불편을 겪으면 어떻게 해야 할까? 현재 우리가 살고 있는 대한민국에서는 그러한 불편을 해결하기 위해 언론사에 제보를 하거나 소송을 통해 문제를 제기한다. 그런데 제보나 소송보다 손쉬운 방법이 있다. 그것은 바로 조선 시대 태종 때 설치된 신문고의 이름을 본떠 만들어진 국민 신문고를 이용하는 것이다. 국민 신문고는 접수받은 민원을 최대 14일 이내에 처리하여 답변해 준다. 그래서 많은 사람이 불공정하거나 불편한 일 등이 발생하면 국민 신문고를 이용하고 있다.

그렇다면 조선 시대의 신문고는 어땠을까? 과연 지금처럼 많은 사람이 이용할 수 있었을까?

조선 시대의 언론 기관 3사

오늘날 언론은 신문이나 방송, 잡지 등을 통해 잘못된 사실을 알리고 사회 문제를 비판하는 역할을 담당한다. 그리고 그 과정에서 국민의 불만을 해소해 주기도 한다. 조선 시대에도 이 같은 언론의 역할을 담당하는 기구가 있었다.

조선 시대의 언론 기구는 사헌부와 사간원, 홍문관을 아울러 '3사'라고 부른다. 사헌부는 주로 관리들의 부정과 비리를 감시하고, 사간원은 왕이 잘못된 일을 하면 그것을 바로잡기 위해 지적했다. 홍문관은 전문성을 바탕으로 왕이 올바른 정책을 만들 수 있도록 도움을 주는 역할을 했다.

물론 3사의 언론 활동이 건국 초기부터 활발했던 것은 아니다. 3사는 훗날 훈구(제7대 세조가 왕이 되는 데 공을 세워 정치권력을 장악한 세력)의 비리를 고발하고 견제했으며, 16세기 무렵부터 그 기능이 강화되었다. 그렇다면 3사는 정말 백성들의 불만과 억울함을 해결해 주었을까?

아쉽게도 그렇다고 대답할 수가 없다. 3사는 주로 지배층 입장에서 나라를 안정적으로 다스리기 위한 일에 관심을 두었기 때

조선의 중앙 정치 기구

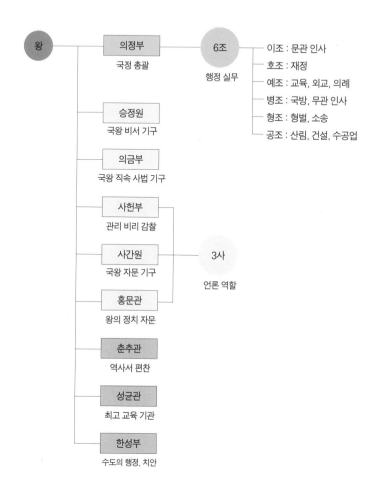

- 왕
- 의정부
  국정 총괄
- 6조
  행정 실무
  - 이조 : 문관 인사
  - 호조 : 재정
  - 예조 : 교육, 외교, 의례
  - 병조 : 국방, 무관 인사
  - 형조 : 형벌, 소송
  - 공조 : 산림, 건설, 수공업
- 승정원
  국왕 비서 기구
- 의금부
  국왕 직속 사법 기구
- 사헌부
  관리 비리 감찰
- 사간원
  국왕 자문 기구
- 3사
  언론 역할
- 홍문관
  왕의 정치 자문
- 춘추관
  역사서 편찬
- 성균관
  최고 교육 기관
- 한성부
  수도의 행정, 치안

문이다. 그래서 백성을 괴롭히는 관리들의 비리와 부정부패를 고
발하는 일은 하지만 백성의 원통함을 해결해 주시는 않았다.

빛 좋은 개살구 신문고

조선 시대의 일반 백성은 중앙 정부나 지방의 수령(각 고을을 맡아 다스리는 지방관으로 '원님' 또는 '사또'라고도 부른다)과 양반에 의해 자주 경제적 피해를 보았다. 그들은 부당하게 토지나 재산을 빼앗기고 노비가 되거나 가족을 잃기도 했다. 게다가 건국 초기에는 일반 백성이 수령을 고소할 수 없었다. 그래서 백성들은 아무리 억울한 일을 당해도 참을 수밖에 없었다.

그런데 백성의 마음을 얻는 것이 나라를 다스리는 데 중요함을 깨달은 왕이 있었다. 조선의 세 번째 왕 태종이다. 태종은 즉위한 지 1년 만에 신하들의 건의를 받아들여 원통한 일을 당한 백성들이 왕에게 직접 이야기할 수 있도록 궁궐 밖에 '등문고'라는 북을 설치했다. 그리고 이듬해에 이름을 '신문고'로 바꾸었다.

신문고를 울린 백성의 사연이 왕에게 전달되면, 왕은 닷새 안에 그 문제를 해결하도록 해당 관청에 지시했다. 7~14일가량 소요되는 21세기의 국민 신문고와 비교하면 600여 년 전 신문고의 민원 처리 속도가 무척 빠른 셈이다.

어쨌거나 조선 시대에 양반을 제외한 일반 백성이 신문고를 울린 적은 없었다. 왜냐하면 신문고를 치기 위한 절차가 매우 복잡했기 때문이다. 백성들은 자기 고을의 수령과 관찰사(수령들을 관리하는 각 도의 으뜸 벼슬), 사헌부에 호소했지만 문제가 해결되

37

지 않았다는 확인서가 있어야만 신문고를 칠 수 있었다. 이 절차를 지키지 않으면 제아무리 정당한 사유가 있더라도 엄한 벌을 받았다.

게다가 신문고는 한양의 의금부에 설치되어 있었다. 그래서 지방의 백성들은 접근하기가 어려웠다. 한양의 백성에게도 역모 사건과 같은 중죄인들을 다루는 의금부는 두려운 곳이었다. 천신만고 끝에 신문고 앞에 이르렀다 해도 칼과 몽둥이로 무장한 의금부 관원들에게 먼저 조사를 받아야 했다. 그들은 북을 치려는 사람이 절차를 밟아 민원을 냈는지, 정말로 억울한 일이 있는지를 심문하듯 꼬치꼬치 캐물었다.

억울한 일을 당한 백성은 거의 힘없는 사람들이었다. 그들은 지나가는 포졸만 보아도 심장이 두근거리는 순진한 사람들인 데다가 글도 몰랐다. 그런 사람들이 어떻게 수령과 관찰사, 사헌부 관리들을 찾아다니며 문서로 확인을 받아 신문고를 두드릴 수 있었을까?

그래서 신문고를 울린 사람들은 원래의 뜻과 어긋나게 노비를 수십 명 소유한 한양의 양반들이었다. 신문고는 그렇게 양반들이 재산 분쟁을 해결하기 위한 수단으로밖에 기능하지 못했다. 결국 신문고 제도는 당시의 일반 백성에게는 '빛 좋은 개살구'였고, 중종 이후에는 있으나 마나 한 제도가 되어 버렸다.

태종의 제도 정비

태종은 건국 이후 조선을 안정시키기 위해 신문고 외에 다양한 제도 정비에 힘썼다. 특히 왕권을 다지고자 왕족이나 공신이 개인적으로 거느리고 있는 군대인 사병을 없앴다. 사병을 없애고 더욱 강력한 권력을 갖게 된 태종은 재상의 지위를 약화시키기 위한 제도 개혁을 진행했다. 그 결과 국가의 중요한 정책을 결정하는 재상들의 회의 기구인 의정부의 기능이 약해졌다.

왕권을 강화한 태종은 지방을 8도로 개편하고 전국의 모든 고을에 수령을 파견했다. 수령은 왕의 대리인으로, 수령에 대한 도전은 왕에 대한 도전과 동일하게 처리했다. 그래서 백성들은 수령들이 잘못을 저질러도 고발할 수 없었다. 또한 16세 이상의 남자는 오늘날의 주민 등록증과 같은 호패를 착용하도록 하는 법을 시행했다. 이로써 사회는 안정되고 세금을 철저하게 거두어들일 수 있게 되어 국가의 재정이 튼튼해졌다.

태종 치세 시기에는 이처럼 각종 제도를 정비함으로써 조선 왕조의 기반이 굳건해졌다. 그 결과 세종 때에 이르러 축적된 국력을 바탕으로 영토가 넓어지고, 과학 기술과 문화가 크게 발전할 수 있었다.

마녀로 몰려 화형당한 성녀 잔 다르크

"일은 파리에서, 사는 것은 루앙에서"라는 말이 있을 정도로 프랑스인이 사랑하는 아름다운 도시이자, 노트르담 대성당으로 유명한 루앙의 마르세 광장에서 이제 고작 열아홉 살 난 소녀가 화형대에 오른 것은 1431년 5월 30일이다.

1412년 프랑스 동레미의 독실한 크리스트교 가정에서 농부의 딸로 태어난 그녀는 열세 살이 된 어느 날 천사장 미카엘로부터 '프랑스 왕을 구하고 오를레앙의 포위망을 풀도록 하라'는 계시를 듣고 전장에 나섰다. 영국과 프랑스 사이에 벌어진 백 년 전쟁(1337~1453년)을 끝내 프랑스의 승리로 이끈 이 소녀가 바로 잔 다르크다.

프랑스는 백 년 전쟁 초기부터 영국군에 계속 밀리고 있었지만, 잔 다르크가 샤를 왕세자로부터 받은 군대와 식량을 싣고 오를레앙으로 향하는 순간부터 기적 같은 승리를 이끌어 내며 프랑스 영토를 되찾았다. 역대 프랑스 왕들의 즉위식이 치러진 랭스 지역까지 차지한 뒤 잔 다르크는 샤를 왕세자의 대관식을 추

말을 탄 잔 다르크를 묘사한 그림. 실제 싸움에서 그녀의 역할에 관해 병사들의 사기를 북돋았을 뿐이었다, 뛰어난 통솔력을 지녔었다는 등 의견이 분분하지만, 프랑스에게 불리하게 돌아가고 있던 백 년 전쟁의 전세를 바꾸어 놓은 것만은 분명하다고 한다(그림 2).

진했다. 그동안은 영국 왕 헨리 6세가 북부 프랑스 영토 대부분을 장악하고 있는 탓에 프랑스 왕의 즉위식을 치를 수 없었던 것이다.

사를 7세는 즉위하자마자 돌변했다. 잔 다르크 덕에 프랑스 왕으로 즉위할 수 있었지만, 날로 치솟는 그녀의 인기는 왕권을 높이는 데 방해가 될 뿐이라고 생각했다. 그사이 전열을 갖춘 영국군은 재공격에 나섰고, 잔 다르크는 영국과 동맹을 맺은 부르고뉴 군대에 포로로 붙잡혔다. 부르고뉴는 잔 다르크를 영국군에 팔아넘겼고, 영국군은 다시 샤를 7세에게 잔 다르크의 몸값을 흥정했지만 샤를 7세는 이에 응하지 않았다.

잔 다르크는 일곱 번의 재판 끝에 마녀, 이교도, 우상 숭배라는 죄를 뒤집어쓰고 결국 화형에 처해졌다. 잔 다르크가 죽고 나서도 22년이나 더 지속된 이 전쟁은 프랑스군이 1437년에 파리, 1449년에 루앙을 회복한 뒤 1453년 사실상 종료되었다.

샤를 7세는 백 년 전쟁이 끝나고도 3년이나 지난 1456년에 이르러서야 잔 다르크의 마녀 혐의를 풀어 주었으며, 잔 다르크를 죽음으로 내몬 주범인 크리스트교 교회는 1920년 그녀를 성녀로 인정했다.

"나를 화형대로 몰아넣은 사람 모두를 용서합니다"라던 그녀의 유언은 590여 년이 지난 지금도 귓가에 맴도는 듯하다.

유럽의 대항해보다 70년 앞선 정화의 대항해

　정화(1371~1435년?)는 이슬람교도로 원래 이름은 마삼보다. 예부터 중국의 이슬람교 신자들은 이슬람의 예언자 무함마드의 중국식 한자인 마(馬)를 성으로 삼았다. 마삼보는 명나라를 세운 주원장 사후 영락제가 제위를 찬탈한 정난의 변 때 공적을 세워 영락제로부터 정(鄭)씨 성을 하사받았고 환관의 최고위직인 태감이 되었다. 그는 삼보 태감으로 불리며 사마천 및 채륜 등과 함께 환관의 영웅으로 일컬어진다.

　다섯 차례나 몽골 원정에 직접 나설 정도로 야심가였던 영락제는 1405년 정화에게 함대를 이끌고 동남아시아와 인도, 중동, 아프리카까지 대원정을 하도록 지시했다. 이것은 유럽의 대항해 시대보다 70년이나 앞선 것으로 매우 높은 평가를 받는다.

　정화는 1405~1433년 약 30여 년에 걸쳐 총 일곱 차례 출항하여 가장 멀리까지 이른 곳은 지금의 아프리카 소말리아 부근이었으며, 함선 62척에 승선 인원 2만 7,800명이라는 어마어마한 규모였다. 훗날 바스쿠 다가마가 이끄는 포르투갈 함대가

忽魯謨斯回古里國過洋牽星圖
忽魯謨斯回來沙姑馬開洋看北辰星十一指看東邊織女星七
指爲母看西南布司星八指平丁得把昔看北辰星七指看東邊
織女星七指爲母看西北布司星八指

沙姑馬山開洋
看北辰星十一
指平水

一得把昔過洋
看北辰星七指
平水

平水
東邊織女星七指平水

北辰星十一指平水

西北布司星八指平水

西南布司星八指平水

骨星八指半平水

東邊織女星七指看東邊

정화의 대항해에 관한 여러 기록이 담겨 있는 《무비지》에 수록된 항성도(별자리를 평면 위에 나타낸 그림) 중 하나. 호르무즈 해협에서 항구 도시 캘리컷으로 가는 별자리들이 표시되어 있다(그림 3).

120톤급 세 척에 승선 인원 170명, 콜럼버스가 이끄는 스페인 함대는 250톤급 세 척에 승선 인원 88명이었던 것에 비하면 거대 규모다.

황금과 향료, 노예를 손에 넣으려고 모험을 떠난 콜럼버스나 바스쿠 다가마, 마젤란 등과 달리 정화의 선단은 세계 각지의 진귀한 물건을 실어 왔을 뿐 경제적으로 가치가 높은 물자를 갖고 돌아오지는 않았다.

그래서인지 정화의 선단이 원주민을 대하는 태도는 70년 후 대항해 시대 스페인과 포르투갈의 선단과는 정반대였다. 서양인들은 원주민을 분열시켜 서로 싸우게 만드는가 하면 자신들을 환대한 이들을 배반하고 학살했다. 이에 반해 정화의 선단은 적대 세력은 격파했지만, 서로 갈라져 싸우는 세력들을 중재하고 화해시키는가 하면 환대하는 이들에게는 많은 선물을 주었다. 원주민의 땅을 빼앗거나 식민지로 삼지 않은 것은 물론 원주민을 노예로 잡아가지도 않았으며 중국의 종교를 강요하지도 않았다.

이러한 사실로 보아 정화의 대항해는 정복과 착취의 과정이 아니었다. 명나라의 영향력에 도전하는 참파(베트남), 시암(태국), 실론(스리랑카) 등 여러 국가에 명나라의 위력을 과시하여 '중화와 변방'이라는 과거로부터 내려오는 전통적 국제 관계를 더욱 공고히 하고 지배권을 인정하게 하는 것이 목표였다고 해석할 수 있다.

세종은 어떻게 한국인에게 가장 사랑받는 왕이 되었을까?

1만 원권 지폐, 행정 중심 복합 도시, 스승의 날, 한글날. 아무 관련 없어 보이는 이 네 가지의 공통점은 무엇일까? 바로 세종 대왕이다. 오늘날 대한민국 사람들에게 존경하는 위인을 꼽아 보라면 반드시 세 손가락 안에 포함되는 인물 세종. 그는 어떤 왕이기에 600년이라는 세월을 훌쩍 뛰어넘은 지금까지 사랑받는 것일까?

형을 제치고 왕이 된 공붓벌레

"너는 가서 잠이나 자거라."

1416년 어느 가을날 측근과 함께 바둑을 두고 있던 세자 양녕 대군에게 동생 충녕 대군이 오늘은 할머니의 제삿날이니 노는 것을 자제하자고 말하자 양녕 대군이 대꾸한 말이다. 예절과 원칙을 따지며 조언한 동생에게 비아냥거린 형. 두 사람의 운명은 이로부터 2년 뒤 완전히 뒤바뀐다.

태종에게는 왕위를 물려줄 수 있는 아들이 넷 있었다. 양녕 대군, 효령 대군, 충녕 대군, 성녕 대군이 그들이다. 태종은 즉위 4년 만인 1404년 당시 열한 살이던 맏아들 양녕 대군을 세자로 결정했다. 그런데 양녕은 학문에 힘쓰기보다 놀기를 더 좋아했다.

그에 반해 셋째 아들 충녕 대군은 어릴 적부터 책에 파묻혀 살았다. 얼마나 글 읽기를 좋아했는지 앓아누워서도 독서를 하여 태종이 방에서 책을 모두 치워 버리라고 지시할 정도였다. 이렇듯 열심히 공부한 충녕은 스무 살 무렵에는 당대 최고의 학자들과 견줄 만한 학식을 갖추게 되었다.

결국 태종은 양녕으로 하여금 세자 자리에서 물러나 충녕에게 그 자리를 물려주게 했으며, 충녕은 후에 임금이 된다. 지금부터 소개할 세종의 업적을 알게 되면 충녕을 세자로 책봉한 것이 태종의 업적 중 최고라고 평가할 수 있을 것이다.

백성을 사랑하는 마음으로 만든 글자 훈민정음

"세계에서 가장 단순하고 가장 훌륭한 글자다."(미국의 노벨 문

학상 수상 작가 펄 벅)

"비교할 수 없는 문자의 사치이자 세계에서 가장 진보한 언어다."(미국의 언어학자 게리 레드야드)

"모든 언어가 꿈꾸는 최고의 알파벳이다."(영국의 역사학자 존 맨)

위에 나열한 것처럼 한글은 오늘날 전 세계적으로 우수성을 인정받고 있다. 한글을 접한 개인은 말할 나위 없고 유네스코에서도 과학성, 합리성, 독창성을 기준으로 할 때 한글이 전 세계에서 가장 우수하다고 평가했다. 세종은 이렇게 훌륭한 문자를 왜 창제했을까?

세종은 조선을 부유하고 힘 있는 나라로 만들어 백성이 편안한 삶을 누리게 하고자 노력했다. 이를 위해 집현전을 설치하여 나라를 이끌어 갈 젊고 유능한 학자들을 키워 냈고, 신하들과 함께 학문과 정치를 논의하는 경연(왕과 신하들이 모여 책을 읽고 토론하는 일)을 수시로 열었다. 또한 세금 제도를 정비하여 백성의 부담을 줄여 주었다. 통치자의 권위와 관련되고 농사에 도움을 주는 천문학의 중요성을 인식하여 국가 차원에서 적극적으로 지원했으며, 금속 활자를 개량하여 인쇄술을 발전시켰다. 이를 바탕으로 조선의 실정에 맞는 의례, 윤리, 의약, 농법, 역법 분야의 서적들이 편찬되었다. 그리고 무엇보다도 우리에게 가장 큰 영향을 끼친 세종의 업적은 한글의 원형 훈민정음을 만든 것이다.

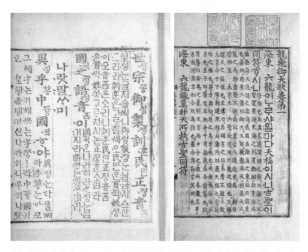

《훈민정음해례본》 서문(왼쪽)과《용비어천가》 서문.《훈민정음해례본》 서문에는 백성을 위해 글자를 창제한 세종 대왕의 뜻이 담겨 있다. 훈민정음으로 쓰인 최초의 작품인《용비어천가》는 태조 이성계의 고조부 목조에서 태종까지의 공덕을 기린 서사시로, 서문은 정인지가 썼다(그림 4, 5).

훈민정음 이전까지 우리말을 표현하는 데 사용한 것은 한자와 이두(통일 신라 시대에 한자의 음과 뜻을 빌려 만든 우리말 표기법)였다. 하지만 한자와 이두는 일반 백성이 배우기 어려워 쉽게 사용하지 못했다. 백성들은 글을 모르니 생각과 감정을 제대로 표현하지 못하고, 조정은 백성에게 국가의 통치 이념을 전달하기 어려웠다. 이를 안타깝게 여긴 세종은 오랜 연구 끝에 1443년 신하들에게 훈민정음을 선보였다.

그러나 세종의 뜻과 달리 신하들은 '조선이 중국을 버리고 오랑캐와 같아지려는 짓', '오랜 세월 써 온 한자와 이두를 두고 무익한 글자를 만든 것'이라는 등의 이유를 들어 반대했다. 세종은 반대를 주도하는 집현전의 책임자 최만리 같은 신하를 감옥에 가두기도 하고, 찬성에서 반대로 입장을 바꾼 신하를 "아무짝에도 쓸모없는 선비"라고 꾸짖으며 파직시키는 등 단호하게 맞섰다. 다행히 시간이 흐르면서 세종에게 동조하는 신하들이 나타났고, 훈민정음을 한문으로 풀이한 설명서 《훈민정음해례본》이 만들어졌다.

마침내 1446년 세종은 '훈민정음'이라는 이름으로 한글을 반포했다. 이후 왕실의 권위를 높이기 위한 노래 《용비어천가》를 비롯한 여러 서적을 훈민정음으로 간행하고 공문서에 훈민정음을 사용하게 했으며, 하급 관리를 뽑을 때 훈민정음으로 시험을 보게 하는 등 적극적으로 새로운 글자를 보급했다. 사대부와 양반 관료 등 지배층은 계속 한자를 썼으나 일부 양반, 여성과 어린아이 등은 한글을 꾸준히 사용하면서 그 생명력을 지켜 나갔다.

오늘날 국경선의 틀을 갖추다

조선은 건국 초기에 정치적 안정을 위해 '사대교린'(큰 나라를 섬기고 이웃 나라와 대등하게 지낸다는 뜻)을 외교의 기본 원칙으로 정했다. 이에 따라 조선은 중국의 명과는 사대 관계를 맺고, 여진·일본과는 교린 관계를 유지했다. 특히 세종 때에는 국경을 침범한 일본과 여진을 강력하게 응징했다.

고려 말기부터 조선 건국 초기까지 한반도 남부 지방에는 왜구의 침입이 부쩍 심해졌다. 본디 왜구는 '도적질하는 왜인'이라는 뜻이기는 하지만, 점차 해적 행위를 하는 일본인을 가리키는 말로 바뀌어 갔다. 이러한 왜구는 한 번 침입할 때 많게는 300척, 6천여 명이나 건너왔다고 하니 정규 군대조차 피해 없이 막아 내기가 매우 어려웠다. 어느 해에는 왜구가 58회나 침입하기도 했다. 세종이 즉위한 1418년에는 충청도와 황해도 지역까지 왜구가 대규모로 침입하여 민가를 약탈하는 사건이 발생했다. 그래서 왜구의 근거지인 쓰시마(대마도)를 정벌하기로 했다.

이종무가 이끄는 조선 원정군은 쓰시마를 공격해 왜구의 병선과 근거지를 불태웠다. 그리고 저항하는 왜구는 사살하거나 포로로 삼았으며, 왜구에게 포로로 붙잡혀 간 조선인과 중국인 들을 구해 냈다. 그 뒤 왜구는 조선이 마음만 먹으면 자신들의 본거지를 공격할 수 있다는 사실에 겁을 먹게 되어 조선은 한동안 왜구의 횡포로부터 벗어날 수 있었다.

한편 압록강 중·상류 지역과 두만강 유역은 전통적으로 우리 민족의 생활 터전이었는데, 고려 시대 이래 활동 영역이 한반도로 축소되면서 여진족이 거주했다. 그런데 식량이 떨어진 여진족이 국경 지역의 조선인 마을을 습격하는 일이 벌어졌다. 세종은 황해도와 평안도 지역에서 군사 1만 5천여 명을 모은 뒤 최윤덕을 총사령관으로 임명해 여진족을 몰아내고 4군을 설치하여 압록강 이남을 차지했다. 자신감을 얻은 세종은 두만강 쪽으로 김종서를 보내 그곳의 여진족을 정벌하고 진(군사적 목적을 갖고 변방이나 해안가에 설치한 행정 구역)을 여섯 개 설치했다.

이후 세종은 남쪽 지방에 살고 있는 백성들을 강제로 이주시키는 사민 정책을 실시했다. 북방으로 이주하게 된 백성들은 추위와 전쟁의 위협이 두려워 이주를 거부하거나 도망쳤다. 그럼에도 세종은 사민 정책을 멈추지 않았으며, 국경을 접한 여진족에게는 식량을 베풀고 귀화를 장려해 조선인과 어울려 살도록 했다. 또한 두만강과 압록강을 조선의 국경선으로 확정 짓기 위해 국방에 힘썼다. 이로써 압록강과 두만강 남쪽은 실질적인 조선 땅이 되어 가면서 오늘날과 거의 비슷한 국경선이 만들어졌다.

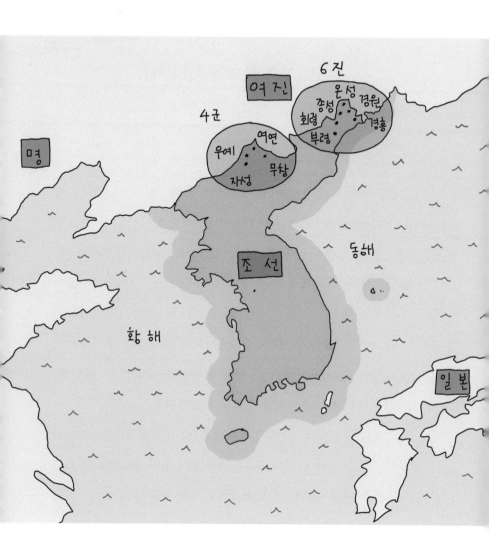

한글날은 왜 10월 9일일까?

한글날은 일제 강점기이던 1926년 음력 9월 29일(양력 11월 4일) 조선어 연구회(지금의 한글 학회)가 민족정신을 지키고 우리 문자를 보존하고자 훈민정음 반포 480주년 기념행사를 '가갸날'이라는 이름으로 치른 것이 그 시작이다. 가갸날로 부른 이유는 당시에는 한글을 '가나다라……'가 아니라 '가갸거겨고교구규……'로 배웠기 때문이다. 국어학자 주시경이 훈민정음에 으뜸가는 글이라는 의미의 '한글'이라는 이름을 지어 붙인 뒤 1928년부터 가갸날을 한글날로 고쳐 불렀다.

그러다가 1940년 《훈민정음해례본》이 발견되었는데 1446년 음력 9월 10일에 간행되었다고 기록되어 있어, 1946년 이 간행일을 양력으로 환산하여 10월 9일을 한글날로 정했다. 그 뒤 한글날은 공휴일이었으나 1990년 공휴일이 너무 많아 경제 발전에 지장을 준다는 이유로 국군의 날과 함께 공휴일에서 제외했다. 몇 년 후 여러 한글 단체에서 한글날을 다시 공휴일로 제정하자는 운동을 벌여 2013년 공휴일이 되었다.

세종은 그 많은 업적을 혼자 힘으로 이루었을까?

한글 창제, 과학 기술의 발달 등 수많은 업적을 가진 세종 대왕은 이순신 장군과 더불어 늘 우리나라 사람들이 가장 존경하는 위인으로 꼽힌다. 하지만 모든 업적을 세종 혼자만의 힘으로 이룬 것은 아니다. 보이지 않는 곳에서 활약한 유능하고 성실한 신하들이 있기에 가능한 일이었다.

신숙주는 명재상인가, 변절자인가

책을 읽으려고 집현전 숙직을 도맡아서 했다는 일화가 있을만큼 지독한 독서광이던 신숙주는 스물한 살 이른 나이에 과서에 급제하여 촉망받는 신진 관료의 길을 걸었다. 늦게까지 책을 읽다 잠든 집현전 학자에게 세종이 자신의 옷을 덮어 주었다는 이야기가 있는데 그 일화의 주인공이 바로 신숙주다. 집현전 학자 중에서도 특히 언어학에 천재적이어서 기록에 따라 약간의 차이가 있지만, 중국어·일본어·몽골어·여진어 등 최소 6개 국어 이상에 능통했다고 한다.

세종은 신숙주를 높이 평가하여 훈민정음 창제에 투입했다. 그리고 신숙주는 세종의 기대에 부응하여 성삼문 등과 함께 당시 사용하고 있는 한자음의 바른 우리말 음을 한글로 표기한 최초의 서적《동국정운》을 편찬했다.

외교적 수완이 탁월해 쓰시마에 갔을 때에는 계해약조(1443년 조선이 일본과 맺은 무역 조약)를 맺기도 했다. 또한 신숙주는 조선과 일본의 외교사를 한눈에 볼 수 있는 책《해동제국기》를 저술했는데, 이는 단순한 기행문이 아니라 경험을 바탕으로 외교 관례 등을 체계적으로 정리한 것으로 평가받는다. 풍부한 국제적 경험 덕분인지 외교를 관장하는 예조 판서직을 조선 역사상 가장 자주 맡은 인물이기도 하다.

게다가 군사 전략가로서의 능력을 갖추고 있어서 1460년에는 8천의 군사를 이끌고 함경도 일대의 여진족을 정벌한 일이 있다. 이때 적이 밤에 공격해 오는데도 본진에 태연히 누워서 오히려 쳐들어온 적을 걱정하는 시를 지었다는 일화가 전해진다.

황희는 청백리인가, 황금 대사헌인가

1418년 태종은 중대한 결단을 내린다. 세자 양녕 대군을 폐위한 것이다. 양녕 대군을 폐위한 이유는 술을 즐기고 기생들과 어울리는 등 세자로서 옳지 못한 행동을 했기 때문인데, 이조 판서 황희만이 홀로 세자의 폐위를 반대하고 나섰다. 태종은 황희를 남원으로 귀양 보내고 양녕 대군을 세자의 자리에서 폐위했다. 이때 만약 황희의 주장이 받아들여졌다면 세종은 국왕의 자리에 오르지 못했을 수도 있다. 그러나 세종은 왕이 된 후 황희를 불러들였다. 세종이 인재를 알아보는 뛰어난 안목을 가졌음을 알 수 있는 한 예다.

황희는 여든일곱 살에 모든 벼슬에서 물러날 때까지 세종을 훌륭하게 보좌하여 명재상으로 많은 업적을 남기며 명성을 떨쳤다. 영의정 18년, 우의정 1년, 좌의정 4년까지 합치면 총 23년간 정승의 자리에 있었다. 황희는 세종 31년인 1449년 세종 대왕이 승하하기 불과 4개월 전에 모든 관직에서 물러났다.

황희는 여러 일화가 전해지고 있는데, 그 가운데 배려와 관용의 리더십을 보여 주는 다음 이야기는 유명하다. 어느 날 두 여종이 서로 상대방이 잘못했다며 다투었다. 황희는 두 여종을 불러

황희 초상. 황희는 고려 멸망 후 한동안 은둔 생활을 했으나 태조의 적극적인 요청으로 조선의 관직에 나아갔다. 양녕 대군이 폐위되기 전 그의 잘못을 두둔하다 파직된 적이 있으며, 세자 폐위에 반대하여 유배되었다. 세종 대에 4군 6진 개척, 문물제도 정비 등에 힘썼다(그림 6).

자초지종을 묻고는 한 여종에게 "네 말이 옳구나"라고 했다. 이에 다른 여종이 억울하다고 호소하자 역시 "네 말도 옳구나"라고 했다. 이를 지켜본 부인이 "두 여종의 말이 모두 옳다면 누가 잘못한 것입니까? 한 여종의 말이 옳다면 다른 여종의 말이 잘못된 것이어야 마땅하지 않습니까?"라며 이의를 제기했다. 그 자리에 있는 손님들 역시 부인의 견해에 동의했다. 그러자 황희는 "부인의 말 또한 옳구려" 하고 대답했다. 그러면서 그는 "사람은 항상 상대방의 잘못은 눈여겨보지만 자신의 잘못은 모르는 법"이라는 말을 덧붙였다. 두 여종과 부인은 물론 손님들도 스스로 부끄러

워했다고 한다.

또 이런 일화가 있다. 황희의 맏아들은 일찍부터 출세하여 집을 새로 크게 짓고 잔치를 열었다. 잔치가 시작되려 할 때 아버지 황희가, "선비가 청렴하여 비 새는 집에서 정사를 살펴도 나랏일이 잘될는지 의문인데, 나는 이런 궁궐 같은 집에는 앉아 있기가 송구스럽구나" 하고는 음식도 들지 않고 자리를 박차고 일어섰다. 황희 본인은 비가 새는 초가에서 살면서 가진 것이라고는 누덕누덕 기운 이불과 서책이 전부였으니 아들의 호사가 불편했을 것이다.

최장수 재상을 지냈으면서 이처럼 청빈한 그가 청백리가 됨은 당연한 일이다. 그러나 황희라고 어찌 재물을 싫어했겠는가? 그도 한때는 '황금 대사헌'(대사헌은 관리들의 부정과 비리를 감찰하는 기관)이라고 불릴 정도로 세상 사람들의 비난을 샀다. 뇌물로 말을 받거나 벼슬자리 청탁의 대가로 금을 받은 일도 있었다. 아들이 중앙의 벼슬자리를 얻도록 해 달라고 부탁하는 지방 수령에게 황희는 벼슬을 줄 테니 땅을 바치라고 요구하여, 이 일로 벼슬에서 물러났다. 청백리로 익히 알려진 황희에 관해 많은 생각을 하게 하는 대목이다.

하지만 세종이 노비 신분인 장영실을 관직에 올려 일을 시키고자 할 때 모두 반대한 깃과 딜리 황희민 찬성한 점에시 원칙과

소신을 견지하면서 정치적 안정에 기여한 그의 모습은 훗날 모든 재상의 귀감이 되기에 부족함이 없다고 하겠다.

장영실은 관청의 노비인가, 조선 최고의 과학자인가

장영실은《세종실록》에 여러 번 등장할 정도로 유명하지만 베일에 가려진 인물이다. 어떻게 출생하여 성장했는지 정확하게 밝혀지지 않은 까닭은 그의 출생 배경에서 비롯된 것이다. 세종의 아낌없는 사랑을 받았다고 전해지는 장영실은 동래현의 관노 즉 노비였다. 그의 부친은 고려 때 송나라에서 망명한 뒤 줄곧 한반도에 뿌리를 내리고 살았던 귀화인이고, 모친은 동래현의 기생이었다. 오늘날로 치면 다문화 가정 출신인 셈이다.

그렇지만 과학적 재능이 비상하다는 점을 인정한 세종은 장영실을 노비 신분에서 풀어 주고 벼슬까지 내렸다. 문신 중심의 조선 사회에서 노비 출신 일개 기술자가 높은 벼슬에 오른다는 것은 결코 쉬운 일이 아니다.

장영실이 세운 업적은 조선 최초의 천문 관측대인 간의대를 비롯하여 해시계 앙부일구, 구리 활자 갑인자 등 헤아릴 수 없을 정도다. 이 모든 것이 세종과 장영실의 만남의 결실이라고 말할 수 있겠다. 민(백성)을 나라의 근본으로 삼는 정치, 즉 민본 정치를 실천하고자 한 세종은 농민을 위하고 농업을 발전시키기 위한 정책을 펴 나갔다. 측우기와 자격루 그리고 1만 원권 지폐에 있는 천체 관측 기구 혼천의 등은 전부 농업과 깊은 관련이 있다.

장영실이 더 이상 재주를 펴지 못하고 공직에서 완전히 사라진 것은 1442년(세종 24년)에 그가 만든 임금의 가마가 타기도 전에 부서진 사건이 있고 나서다. 곤장 80대의 형벌을 받았다는 기록 이후 장영실의 행적은 전혀 남아 있지 않다. 갑자기 나타났다 사라진 15세기 최고의 과학자 장영실은 세종의 업적을 완성한 마지막 퍼즐이라고 하기에 손색이 없다.

자동으로 시간을 알려 주는 물시계 자격루

장영실이 고안한 이 새로운 시계의 구조를 살펴보면 정해진 시각이 되면 작은 구슬을 낙하시키는 물시계 장치, 자동으로 시간을 알려 주는 알림 장치 그리고 이 두 장치를 접속해 주는 연결 기구로 이루어져 있다.

우선 맨 위에 있는 대파수호에 넉넉히 물을 부으면 그 물이 아래의 중파수호와 소파수호를 거쳐 일정한 속도로 흘러나와 가장 아래에 있는 수수호에 차게 된다(①과 ②). 수수호에 물이 차오르면 그 위에 떠 있는 잣대가 점점 올라가 정해진 눈금에 닿으면 그

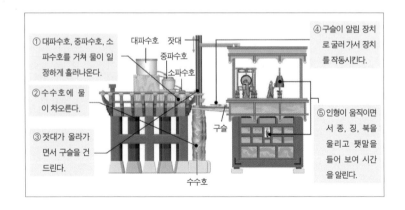

① 대파수호, 중파수호, 소파수호를 거쳐 물이 일정하게 흘러나온다.

② 수수호에 물이 차오른다.

③ 잣대가 올라가면서 구슬을 건드린다.

대파수호 잣대
중파수호
소파수호

구슬

수수호

④ 구슬이 알림 장치로 굴러 가서 장치를 작동시킨다.

⑤ 인형이 움직이면서 종, 징, 북을 울리고 팻말을 들어 보여 시간을 알린다.

곳에 장치해 둔 지렛대를 건드리고 그 끝의 쇠구슬을 굴려 구멍 속으로 넣는다(③). 쇠구슬은 다른 쇠구슬을 굴려 그것들이 미리 꾸며 놓은 여러 장치를 차례로 이용하여 종, 징, 북을 울리거나 나무로 만든 인형이 아래의 작은 창에 나타나 시각을 알리는 팻말을 들어 보인다(④와 ⑤). 자격루의 시각을 알리는 자동인형 장치는 오늘날 우리가 흔히 사용하는 디지털 전자시계의 핵심 기능을 기계식으로 구현한 것이어서, 조선 시대 우리 공학 기술의 정교함에 놀라움을 금치 않을 수 없다.

왜 오른쪽 문과 왼쪽 문이 삶과 죽음을 갈랐을까? -계유정난

"신 대감님은 여기 왼쪽으로 들어가시죠. 황보 대감께서는 저기 오른쪽 문으로……."

근정문 앞을 지키고 있는 수양 대군의 부하들은 영문도 모른 채 서둘러 오는 대신들의 얼굴을 일일이 살피고 있었다. 대신의 이름을 확인하고는 들고 있는 명부와 대조해 보면서 왼쪽 문과 오른쪽 문으로 나누어 들여보냈다. 왼쪽 문과 오른쪽 문, 이것은 바로 삶과 죽음의 갈림길이었다.

왕권을 바로 세운다는 명분을 내세우며 수양 대군이 움직이기 시작했다. 수양 대군과 뜻을 같이한 사람들은 왼쪽 문으로 들어

가 목숨을 이어 갈 수 있었다. 하지만 오른쪽 문으로 들어간 사람
들은 수양 대군의 부하들이 휘두르는 철퇴에 맞아 목숨을 잃어
야 했다. 단종이 왕위에 오르고 1년이 지난 계유년(1453년) 늦가
을, 드디어 왕위를 지키려는 자와 빼앗으려는 자의 충돌이 벌어
진다.

뺏으려는 자 삼촌 수양 대군

세종 대왕에게는 왕자가 모두 일곱 명 있있다. 세종 대왕은 왕

권과 신권의 조화를 위해 왕자들에게 적절한 역할을 주었다. 예컨대 중요한 출판 사업이나 국가의 중대 행사 등에 왕자들을 책임자로 임명해 능력을 발휘할 수 있는 기회를 부여했다. 이와 같은 왕실의 활동을 통해 세종 대왕은 점점 강해지는 신하들의 힘을 견제하려 한 것이다.

맏아들 문종은 책 읽기를 즐기며 학문을 좋아했지만 병약하여 걱정이었다. 여러 아들 중에서 가장 눈에 띈 사람은 둘째 수양 대군과 셋째 안평 대군이었다. 수양 대군은 활달한 성격으로 문무에 뛰어나고 정치적 야심이 있는 인물이었다. 병약한 맏아들과 어린 손자, 야망에 넘치는 둘째 아들 수양 대군. 이들을 보며 훗날이 불안한 세종 대왕은 자신이 아끼는 집현전 학자들에게 갓 태어난 손주 즉 문종의 아들(나중에 단종이 된다)의 미래를 부탁했다. 세종의 뒤를 이은 문종이 어린 아들을 남기고 일찍 세상을 떠나자, 세종 대왕의 걱정은 어느덧 현실이 되었다.

수양 대군은 한명회, 신숙주 등을 자기편으로 끌어들여 세력을 키웠다. 수양 대군은 관리 임명을 김종서와 황보인 등이 좌우하는 것이 매우 못마땅했다. 단종이 왕위에 오른 후 왕권이 크게 흔들리고 있다고 보았다.

"관리를 자기들 뜻대로 임명하다니……. 이 나라가 누구의 나라인가!"

김종서 등에게 지나치게 권력이 쏠린다며 비판하는 신하들도 있었다. 한명회 등 수양 대군 주변의 인물들은 흔들리는 왕권을 바로잡기 위해 수양 대군이 나서야 한다고 주장했다.

지켜야 하는 자 조카 단종

문종은 왕위에 오른 지 2년 만에 죽음을 앞두고 김종서와 황보인을 불렀다.

"나이 어린 세자를 잘 부탁하오!"

권력에 대한 욕심이 누구보다 강한 동생 수양 대군의 야심을 잘 알고 있는 문종은 어린 아들을 잘 지켜 달라는 한마디를 남기고 숨을 거두었다.

"내가 나이가 어려 정치에 어두우니 모든 일은 의정부와 6조가 서로 의논하여 시행하도록 하시오."

열두 살 어린 나이에 왕위에 오른 단종은 아버지의 유언을 들은 김종서와 황보인 등 이른바 고명대신들에 의지하며 정치를 펼쳐 나갔다. 중요한 자리에 관리를 임명할 때는 신하들이 추천한 후보자들을 의정부의 정승들이 심사했다. 정승 세 명은 가장 적합하다고 생각하는 후보자의 이름 밑에 노란 표시를 달아 왕에게 올렸다. 그러면 왕은 노란 표시가 있는 사람을 관리로 임명했다. 이른바 황표 정사다.

나이 어린 단종이 아무리 총명하다 한들 혼자 나랏일을 풀어 나갈 수는 없는 노릇이었다. 고명대신들은 언제든 단종을 위협할 수 있는 수양 대군을 비롯한 왕실 세력을 밀어내고자 했다. 단종에게 고명대신들은 누구보다도 자신을 아껴 주고 모든 것을 희생하는 훌륭한 신하였다.

드디어 왕위에 오른 수양 대군

김종서를 제거하기 위한 계획이 세워졌다. 단종이 왕위에 오르고 1년이 지난 1453년 늦가을 수양 대군은 김종서의 집을 찾아 편지 한 통을 전했다. 김종서가 편지를 펼쳐 든 순간 철퇴가 허공을 갈랐고 김종서는 힘없이 쓰러졌다. 계유정난의 시작이다.

수양 대군은 대신들을 모두 궁으로 불러들여 미리 작성한 살생부에 따라 반대파는 제거하고 경쟁 상대 안평 대군은 귀양을 보낸 뒤 처형했다. 수양 대군은 김종서와 황보인 등이 안평 대군과 모의해 나라를 위기에 빠뜨리려는 것을 막았다며 영의정 자리에 올랐다.

계유정난 후 변함없이 단종이 왕이었지만 모든 권력은 수양 대군의 손아귀에 들어갔다. 여전히 성에 차지 않은 수양 대군은 권력 강화에 나섰다. 먼저 변방을 지키는 군인들의 반발에 대비하여 김종서와 함께 6진을 개척한 영웅 이징옥 제거에 나섰다.

이를 미리 알아챈 이징옥은 국경 너머 여진족의 힘을 이용해 수양 대군에 맞섰으나 내부의 배신으로 죽임을 당하면서 실패로 끝났고, 수양 대군의 권력은 더욱 단단해졌다. 거칠 것 없는 수양 대군이 단종의 복위를 꾀한 자신의 동생이자 세종의 여섯째 아들 금성 대군 등을 귀양 보내며 압박해 오자, 단종은 이를 견디지 못하고 스스로 왕위를 수양 대군에게 내주고 상왕으로 물러났다.

형제와 개국 공신을 죽이고 왕위에 오른 태종에 이어 수양 대군은 자신의 동생을 죽이고 조카를 쫓아내며 그토록 그리던 왕위에 올라 조선의 제7대 왕 세조가 되었다.

세조를 돕는 사람들 – 한명회와 신숙주

세조는 왕이 되자마자 왕권을 굳건하게 다지기 위한 여러 정책을 폈다. 국가의 모든 일을 정승이 아닌 왕에게 직접 보고하도록 하는 6조 직계제를 실시해 왕이 국정을 장악했다. 또한 조선 건국 이후의 각종 법령을 모아 법을 정비하고자 했다. 성종 시기에 완성되어 반포한 《경국대전》을 만들기 시작한 것은 세조 때다. 조선 건국 이래 유지되어 온 과전법을 정비하여 현직 관리에게만 토지를 지급하는 직전제가 실시된 것 역시 세조 때의 일이다. 왕권 강화를 내세우며 왕이 된 세조는 자신의 말대로 강력한 왕으로 거듭났다.

한편 세조가 왕이 되는 데 결정적인 공을 세운 두 사람이 있다. 바로 한명회와 신숙주다. 세조는 한명회의 딸을 세자의 부인 즉 며느리로 삼아 한명회에 대한 신임을 보여 주는가 하면, 신숙주에게 최고의 자리인 영의정에 오르도록 하는 등 자신에게 충성을 바친 두 사람을 극진히 대접했다. 그들은 살아생전에 온갖 부귀와 영화를 누렸다.

하지만 한명회는 훗날 연산군에 의해 부관참시를 당하는 화를 입어 살아서 누린 영화와 대비를 이룬다. 성삼문이 사육신의 한 명으로 충절의 대명사로 추앙받는 것과 달리, 신숙주는 오늘날까지도 변절자의 대명사로 불리며 '숙주나물'이라는 이름 속에서 비아냥거림의 대상으로 남아 있다.

단종을 지키려던 사람들 – 사육신과 생육신

계유정난으로 사실상 모든 권력을 차지한 수양 대군은 2년 만에 단종에게 왕위를 물려받는 형식으로 왕이 되었다. 계유정난에 공을 세운 사람들 말고는 단종이 세조에게 왕위를 물려주었다고 생각하는 사람들은 많지 않았지만, 누구도 그런 생각을 밖으로 드러내지 않았다.

세조가 큰 반대 없이 왕이 되었다고 안심할 무렵, 성삼문과 박팽년은 세조를 제거하고 단종을 다시 왕위에 앉히기 위한 계획을 남몰래 세우고 적지 않은 동지들을 끌어모았다. 그들은 명나라 사신의 환영 잔치를 이용하기로 했다. 세조가 조선의 왕이 된 것을 인정한다는 황제의 문서를 갖고 오는 명나라 사신을 위한 잔치 자리에서 세조와 그를 지지한 계유정난의 핵심 세력을 제거하고 단종을 다시 왕의 자리에 올릴 계획을 세웠다.

마치 하늘이 돕기라도 하듯 환영 잔치의 경호 책임자로 성삼문의 아버지 성승 장군과 유응부 등이 임명되었다. 경호 책임자는 칼을 차고 잔치가 열리는 주변을 지킬 수 있기 때문에 칼을 뽑아 세조와 한명회를 제거하기에 더없이 좋은 기회였다. 일이 순조롭게 풀리는가 싶더니 한명회의 건의로 호위 무사를 세우지 않기로 방침이 바뀌면서 모든 것이 틀어졌다.

"기왕에 이렇게 된 일, 계획에서 벗어났다 해도 그대로 밀어붙입시다!"

유성원과 성승 장군은 계획대로 거사를 진행할 것을 주장했다.

"아닙니다. 호위 무사를 없앤 마당에 신중하게 계획을 다시 세워야 합니다."

신중한 성삼문과 무신 출신 두 사람은 의견이 엇갈렸다. 결국 거사를 주도한 성삼문의 말대로 다음 기회를 보기로 했다. 성삼문과 뜻을 같이하던 김질은 거사를 벌이기로 한 날 아침 가슴이 쿵쾅거리고 입안이 바짝바짝 말랐다. 계획이 어그러지면 목숨

세계 문화유산으로 지정된 단종의 무덤 영월 장릉. 17세 나이에 사사되어 동강에 버려진 시신을 엄흥도라는 이가 몰래 동을지산 자락에 묻어 오랫동안 위치를 알 수 없다가 중종 대에 찾아냈다고 한다(그림 7).

이 달아나는 일이다. 그런데 거사가 취소되었다는 소식이 들렸다. 다행히 발각된 것은 아니지만 김질은 두려운 나머지 마음을 바꾸어 세조에게 암살 음모를 알렸다. 성삼문과 박팽년을 비롯해 유성원, 유응부, 하위지, 이개 등은 모진 고문에도 뜻을 바꾸지 않고 세조의 잘못을 꾸짖으며 당당히 죽음을 맞이했다. 이른바 단종 복위 운동은 실패로 끝났다.

훗날 남효온이라는 사람은 이들을 일컬어 '죽으면서도 절개를 지킨 충신'이라며 '사육신'으로 칭송했다. 사육신처럼 목숨을 던지지는 못했지만 세조를 부도덕한 임금으로 여겨 안락한 삶을 포기하고 평생 관직에 나아가지 않으며 단종에 대한 충성을 지킨 사람들도 있다. 사육신의 충절을 기린 남효온을 비롯하여 김시습·원호·이맹전·조려·성담수가 그들로, 사람들은 그들을 '생육신'이라 부르며 사육신에 버금가는 충신으로 여겼다.

이처럼 많은 사람이 세조를 비난했으나, 이 사건은 오히려 세조가 단종을 완전히 제거하는 좋은 구실이 되었다. 세조는 단종을 상왕의 자리에서 끌어내리고 저 멀리 강원도 영월 땅 청령포로 귀양을 보내고 곧 살해했다.

녹두나물이 숙주나물이 된 사연

세조가 조카를 죽여 가면서까지 왕위에 올랐지만, 힘없는 백성들은 따를 수밖에 없는 처지였다. 하지만 백성들은 금방 맛이 변하고 상하고 마는 녹두나물을 신숙주의 이름을 따서 숙주나물이라 부르며, 같이 공부한 친구들을 배신하고 홀로 부귀영화를 누린 신숙주를 비아냥거렸다. 백성들은 누구의 편을 들 수도 없었고 들지도 않았지만, 이 숙주나물이라는 이름에 단종을 몰아내고 왕이 된 수양 대군을 보는 생각을 담은 것이 아닐까?

한편 세조에게 쫓겨나 강원도 영월 청령포로 귀양을 가는 단종을 호송한 왕방연은 외진 곳에 단종을 두고 오는 길에 편치 않은 마음을 시로 남겼다.

천만리 머나먼 길에 고운 님을 잃고

이 마음 둘 데 없어 냇가에 앉았으니

저 물도 내 마음 같아서 울며 밤길을 가는구나

깊고 깊은 산속에 단종을 두고 돌아 나오며 단종이 머무르는 집을 멀리서 바라보며 차마 발걸음을 떼지 못하는 왕방연의 모습이 눈앞에 그려진다.

천년 제국 비잔티움의 멸망

1204년 비잔티움 제국의 수도 콘스탄티노폴리스가 제4차 십자군에게 점령되어 약탈당한 사건은 이미 약체화된 비잔티움 제국을 혼란에 빠뜨리기에 충분했다. 그리고 13세기 말에 건국된 오스만 제국의 팽창으로 비잔티움 제국은 바람 앞의 촛불과도 같은 신세가 되어 버렸다.

오스만 제국은 1354년 유럽으로 건너가 발칸 반도를 정복하고 북아프리카·유럽·아시아에 걸쳐 거대한 제국을 세웠다. 그리고 100년 후인 1453년 메흐메트 2세가 콘스탄티노폴리스를 점령하고 비잔티움 제국을 멸망시키는 데에 성공했다. 당시 로마 제국에는 창건자와 이름이 같은 황제 치하에서 나라가 멸망한다는 예언이 떠돌았는데, 콘스탄티누스 대제(콘스탄티누스 1세)가 세운 비잔티움 제국은 예언대로 되고 말았다. 오스만 제국 군대에 맞서 끝까지 싸우다 전사한 비잔티움 제국의 마지막 황제 이름이 콘스탄티누스 11세였던 것이다.

콘스탄티노폴리스는 테오도시우스 성벽에 둘러싸여 있었는

데, 이 성벽은 해자를 갖추고 있고 해자 뒤에는 흉벽·내성벽·외성벽이 있는 삼중 구조로 되어 있다. 게다가 내성벽과 외성벽에는 각각 100개 가까운 망루가 있어 콘스탄티노폴리스는 좀처럼 함락되지 않는 그야말로 난공불락의 도시였다.

1453년 15만 대군을 이끌고 온 오스만 제국 역시 이 성벽 때문에 콘스탄티노폴리스 성내의 군사 고작 7천 명을 상대로 한 달 반가량 싸워야 했다. 이후 콘스탄티노폴리스는 오스만 제국의 수도인 이스탄불로 다시 태어났고, 아야 소피아(성 소피아 성당)도 첨탑 네 개가 첨가되면서 모스크로 개축되었다.

1천 년 넘게 그리스·로마 문화를 간직해 온 비잔티움 제국의 멸망으로 많은 그리스인이 이 도시를 떠나 서유럽으로 망명했고, 그들이 가져온 지식과 문서들 그리고 고대 그리스·로마의 전통이 이탈리아를 중심으로 르네상스를 꽃피우는 원동력이 되었다. 역사학자들은 콘스탄티노폴리스의 함락이 중세를 마감하고 르네상스 시대를 여는 중요한 사건으로 본다.

어떻게
《경국대전》으로 나라의
질서가 잡혔을까?

　조선의 건국은 정치·사회·경제·문화 등 여러 분야에 걸쳐 고려 시대와는 다른 변화를 가져왔지만, 그중에서도 특히 주목할 것은 성문 법전의 편찬이다.

　조선을 건국한 태조는 즉위 후 내린 교서에서 '법률을 정하여 나랏일을 처리함으로써 고려의 폐단을 밟지 않을 것'을 천명했다. 이러한 방침은 역대 왕에게 그대로 계승되었고, 세조 대에는 국가사업의 하나로서 본격적으로 편찬 사업을 시작했다. 그리고 마침내 성종 대에 조선의 헌법 《경국대전》이 완성되기에 이르렀다.

《경국대전》의 기본 구성

《경국대전》에는 모두 319개 법조문이 있으며 이 법조문들은 6전 즉 〈이전〉, 〈호전〉, 〈예전〉, 〈형전〉, 〈병전〉, 〈공전〉으로 나뉘어 있다.

〈이전〉에는 중앙과 지방의 관제, 관리의 임면에 관한 규정 등이 기록되어 있다. 오늘날로 보면 행정 안전부에서 담당하는 사항이다. 첫 부분에 후궁들의 품계와 상궁(정5품) 등 궁중 내 전문직 여성들의 품계가 기록된 점이 무척 흥미롭다. 〈호전〉에는 세금 제도와 관리들의 녹봉, 토지, 가옥, 노비 매매 등에 관한 규정들이 담겨 있는데 오늘날 기획 재정부에서 관장하는 사항들이다. 〈예전〉은 과거 제도, 외교, 제례, 상복, 혼인 등에 관한 사항으로 오늘날 문화 체육 관광부나 외교 통상부에서 하는 업무와 밀접한 관계가 있다.

또한 오늘날의 법무부 소관 사항에 해당하는 형벌·재판·노비·재산 상속에 관한 규정은 〈형전〉에, 오늘날의 국방부에서 담당하는 국방·군사에 관한 사항은 〈병전〉에, 오늘날의 국토 해양부에서 담당하는 도로·교통·건축·도량형 등 건축과 산업 전반에 관한 사항은 〈공전〉에 각각 기록되어 있다.

이러한 《경국대전》에는 지금의 관점에서 보면 여러 문제점이 있다. 과부의 재가를 금지한 것이나 서얼(서자와 얼자를 합한 말. 양반의 자식이지만 어머니가 양민 출신 첩이면 서자, 천민 출신 첩이면 얼자다) 자손에 대한 영구한 과거 금지 조치, 노비에 관한 것을 〈형전〉에 포함시켜 처벌 규정에만 주력한 것 등 시대적 한계를 보이는 내용이 다수 있기 때문이다. 그러나 요즈음의 관점에서 보아도 나름의 합리성을 보이는 규정들이 상당수 존재했음에 주목할 필요가 있다.

다음의 가상 일기를 보며 《경국대전》의 완성을 통해 법치주의를 표방한 조선의 통치 체계가 안정되었음을 확인해 보자.

가상 일기로 보는 수령의 생활

잠결에도 "네가 얼른 사또가 되어야 우리 가문이 당분간 양반 신분을 유지할 수 있다"라고 하시는 어머님의 당부가 머릿속을 맴돌았다. 아침에 눈을 떴을 때 어제 고을의 유지들과 마신 술기운이 아직 남아 있어 잠이 덜 깬 상태였지만, 서둘러 의관을 정제하고 동헌으로 출근했다.

도착해 보니 역시나 엄청난 업무들이 기다리고 있다. 임금께서 이제는 목민관('백성을 돌보는 벼슬자리'라는 뜻)이라 부르겠노라며 당부한 수령 7사를 떠올려 본다.

첫째, 농사를 일으켜 백성의 생활을 안정시킬 것

둘째, 백성을 잘 다스려 호구를 늘릴 것

셋째, 학교를 일으키고 학문을 장려할 것

넷째, 군역을 바로 매기고 때에 맞추어 군사를 훈련시킬 것

다섯째, 부역을 고르고 공정하게 부과할 것

여섯째, 백성을 잘 다스려 송사를 줄일 것

일곱째, 간사하고 교활한 향리를 찾아내 피해를 줄일 것

조선 팔도에 수령은 부윤(종2품), 대도호부사(정3품), 목사(정3품), 도호부사(종3품), 군수(종4품), 현령(종5품), 현감(종6품)까지 300명이 넘었다. 그중에서 나와 같은 현감은 하급 관리로 생각하기 쉽지만, 실제로는 높은 관직까지 오르기 위해 지방관은 반드시 거쳐야 하는 필수 조건이다. 또한 자신의 능력과 포부를 펼칠 수 있는 좋은 기회가 되기도 한다.

아랫것들은 우리를 보통 원님 또는 사또라 부른다. 고을을 다스리는 데 있어 행정권과 사법권(재판권)을 함께 가지고 있기 때문에 고을에서는 왕과 같은 존재다. 그렇다고 방심은 금물이다. 지방 관리들의 부정과 비리는 나라의 골칫거리여서 조정은 이를 엄격하게 금지하기 위해 많은 노력을 기울이고 있다.

암행어사가 출두하여 잘못이 밝혀지면 죄질에 따라 봉고파직(관사의 창고 문을 닫고 수령의 직위를 해제하는 것)을 당한다. 또한

각 고을의 양반들로 구성된 유향소(고을에서 유력한 지방민들로 조직된 수령 보좌 기구)를 통해 수령과 향리를 감시하게 하며, 부정과 비리를 저지른 지방관을 팽형으로 엄격하게 처벌하나 문제가 쉽게 해결되지는 않고 있다.

팽형은 본디 중국에서 전해진 것으로, 백성에게 세금을 과도하게 거두거나 뇌물을 받은 관리를 커다란 솥에 넣어 끓는 물에 삶아 죽이는 잔인한 형벌이다. 그러나 요즘은 불을 때기는커녕 물을 넣지도 않은 빈 솥에 죄인을 넣어 삶아 죽이는 시늉만 한다. 그렇더라도 팽형에 처해진 죄인은 장례식을 치르고 죽은 사람 취급을 받으며 집 밖 출입을 할 수 없으니 사회적으로는 죽은 자나 매한가지다.

앞으로 임기 5년 동안 매년 6월과 12월 두 차례에 걸쳐 관찰사가 내 근무 성적을 4등급으로 구분하여 작성하고 보고할 것이다. 좋은 근무 성적을 받으려면 어떻게 해야 할까?

우선 학교를 일으키고 학문을 장려하여 과거 성적을 높이는 것이 좋겠다. 그리고 소송의 대다수를 차지하는 묏자리 소송을 잘 해결해야지. 또 효자, 열녀 등에 대한 미담을 찾아 효자문이나 열녀문을 건립하는 것도 좋은 방편이 될 것이다. 아무쪼록 무사히 임기를 마치고 다음 부임지에 갈 수 있게 되기를 조상님께 빌고 또 빌 뿐이다.

가상 일기로 보는 관료의 생활

손꼽아 기다린 월급날이 오늘이렷다. 평소에는 묘시(아침 7시)까지 출근해야 하지만, 지금은 해가 짧은 동짓달(11월)이니 느지막이 출근해도 되지 않느냐고 아내가 속 모르는 소리를 한다. 월급 때가 되면 온 고을의 관리들이 와우산 자락으로 구름처럼 몰려드는데, 먼저 이조에 가서 녹패(호조에서 발급한 녹봉 지급 증서)를 지급받지 않으면 낭패다. 그 녹패를 가지고 관리들의 월급 창고 격인 광흥창으로 가서 월급을 수령할라치면 또 한참이 걸린다.

사헌부 종2품인 내 녹봉으로 말하면 백미 12석, 현미 37석, 전미(좁쌀) 2석, 보리 8석, 콩 17석, 명주 5필, 정포 14필, 저화 8장(명주·정포는 옷감이고 저화는 지폐)이었으니 종9품의 녹봉(쌀 10두에 콩 5두)에 비하면 나은 편이라고 생각하는 것이 정신 건강에 좋은 법이다. 1년에 네 번 1월, 4월, 7월, 11월 월급을 지급받는 아침에는 이렇게 부지런을 떨어도 기쁘지 아니한가! 게다가 지난 7월처럼 태풍으로 조운선(운반선)이 난파되었다면서 월급이 삭감되지 않은 것에 더욱 위안 삼을 뿐이다.

그러고 보니 내일은 신참 관료들이 일종의 신고식인 허참례를 치르는 날이다. 이날 선배 관료들은 신참들 얼굴에 시궁창의 더러운 흙을 분처럼 바르거나 관복을 찢는 등 짓궂은 장난을 치기도 한다. 물론 박봉에 시달리더라도 뇌물에 유혹되지 말라는 소언 또한 아끼지 않는다.

뇌물을 주고받다 발각되어 처벌받은 관리의 자손은 과거 시험에 응시조차 못하도록 하고, 세무 비리를 저지른 과원은 그가 죽더라도 아내나 자식들에게 재산이 있으면 모두 강제 징수하도록 되어 있는《경국대전》의 규정이 기억에 생생하게 남아 있다.

사헌부 장령(정4품) 송영의 아내가 분경죄(인사 청탁)에 해당되어 곤장 100대를 맞고 본인은 파직당한 사례도 있으며, 하양 현감 김진은 세금으로 받은 면포와 종이를 수탈한 일로 사형을 당하는 데에서 그치지 않고 재산을 몰수당했다. 봄·여름에는 하루 열두 시간, 가을·겨울에는 여덟 시간씩 일하며 휴일로 쉬는 날이 1년에 20여 일밖에 되지 않는 격무에 시달리지만, 나는 가문을 빛내기 위해 한눈팔지 않고 오늘도 어김없이 출근한다.

가상 일기로 보는 죄수들

"죄인 최검산은 부고회시례를 행하게 한 후 옥에 가두거라."

사또의 명이 떨어지기가 무섭게 내게 하얀 깃발을 단 큰북을 지게 하더니 관리들이 나를 끌고 저잣거리로 나갔다. 그래서 어제는 하루 종일 관리가 북을 칠 때마다 "나는 소도둑놈입니다"라고 외치는 망신을 톡톡히 당하고야 말았다.

이 모든 게 윗마을 김가 놈과의 사소한 다툼 때문이다. 서로 먼저 밭을 갈려고 하다가 홧김에 소를 끌고 온 게 화근이었다. 옥신 각신하다가 김가 놈 다리를 부러뜨린 것으로도 분이 풀리지 않 아 소까지 끌고 와 버린 것이다. 그나저나 난생처음 옥에 들어섰 을 때의 광경은 충격 자체였다.

첫 번째 옥사에는 팔뚝과 얼굴에 '강도'라는 글자가 새겨져 있 는 놈들이 가득 들어차 있었다. 몸에 상처를 내고 먹물로 글자를 새겨 전과를 표시하는 형벌인 자자형을 당한 범인들이라고 옥지 기가 귀띔해 주었다. 눈빛은 살기등등했지만 이미 한 차례 매타 작을 당한 탓인지 거동만큼은 온순한 체하고들 있었다. 하기야 죄의 경중에 따라 가시나무 회초리인 형장으로 적게는 10대 많 게는 50대씩 볼기를 맞았을 터이니 고분고분하지 않을 수 없으 렷다. 자세히 보니 얼마 전 강도 짓을 하다 잡혀 왔다는 아랫마을 백정 조말생이 보였다. 쥐 죽은 듯이 꼼짝도 못 하고 있는 것을 보니 죄가 중하다 하여, 태형과는 달리 굵은 회초리로 60~100대 까지 치는 장형을 받은 모양이다.

두 번째 옥사에는 아내를 죽인 살인 혐의로 교수형 집행을 기 다리는 중인 양반 이중손이 있었다. 그나마 신중을 기하기 위하 여 세 차례 조사하는 삼복 제도가 존재하기에 1차인 초복을 거쳤 고 2차 재복, 3차 삼복이라는 희망이 남아 있는 경우라고 한다. 하지만 누 다리를 한데 묶고 다리 사이에 긴 막대기를 끼워 비트는 주뢰형(주리형) 심문을 받아야 하는 고통을 얼마나 더 견뎌야 할지는 알 수 없는 노릇이다. 그리고 형이 집행된다고 해도 교수형은 목을 매달아 죽여서 주검의 형체를 보전하는 것이기 때문에, 목을 베어 머리와 몸통을 분리하는 형벌인 참수형보다는 한결 나은 셈이다.

세 번째 옥사에는 열한 살 어린아이를 성폭행한 사노비 옥산이가 참수형을 기다리고 있었다. 심문 과정에서 무거운 돌을 두 무릎 위에 올려놓고 고통을 주는 형벌인 압슬형을 심하게 당했는지 제대로 걷지도 못하고 있었다.

마지막으로 내가 수감된 옥사 바로 옆에는 한양에서 귀양 왔다는 김 대감님이 갇혀 있었다. 중하기가 사형 다음가는 유형은 중죄를 범했을 때 차마 죽이지는 못하고 먼 곳으로 유배하여 죽을 때까지 거기 있게 하는 형벌이다. 이곳 제주도까지 온 것을 보면 유형의 세 종류 가운데 가장 먼 3천 리에 처해진 것 같다. 불에 달군 쇠로 몸을 지지는 잔혹한 형벌인 낙형을 당한 탓인지 몰골이 말이 아니었다.

그나저나 나는 내일부터 관아에서 소금을 굽거나 쇠를 달구는 등의 노동을 해야 하는 도형에 처해진다고 하는데, 1년 동안은 꼼짝없이 노예와 같은 모욕을 견뎌야 하는 내 팔자가 기구할 따름이다.

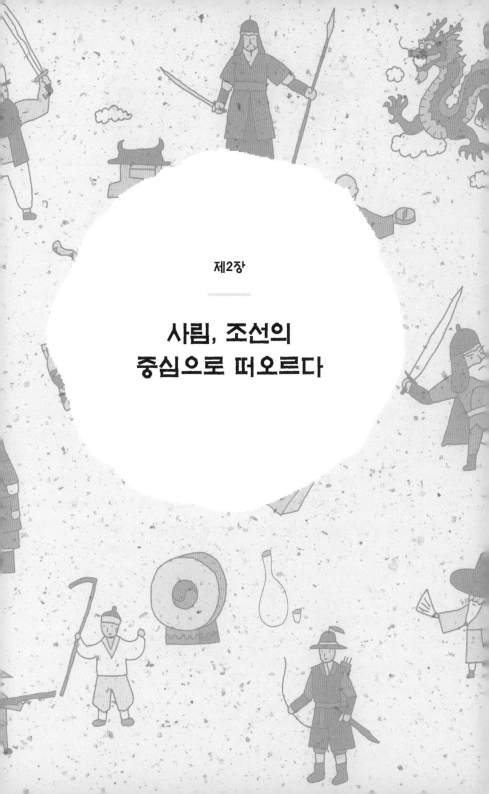

제2장

사림, 조선의
중심으로 떠오르다

훈구와 사림은 왜
권력 다툼을 벌였을까?
-무오사화

조선은 건국된 지 어느덧 100년을 넘기며 안정된 국가로 발전해 가고 있었다. 조선에 참여하지 못하고 있던 새로운 정치 세력은 그동안 갈고닦은 자신들의 학문을 현실에서 펼쳐 보이고 싶어 했다. 이와 같이 새로이 권력에 도전하는 이들이 등장하면서 조선의 정치적 상황은 거대한 역사의 소용돌이에 말려들고 있었다.

학사루에서 얽힌 운명의 실타래

훗날 사림을 대표하는 학자로 자리매김하는 김종직은 나이 든

함양 학사루. 지어진 정확한 연도를 알 수 없으나 최치원이 자주 찾았다는 이야기가 전해져 통일 신라 시대에 창건되었을 것으로 추정된다(그림 8).

어머니를 모시기 위해 한양의 높은 벼슬자리를 마다하고 경상도 함양의 군수가 되었다. 함양 군수가 되어 예부터 내려온다는 유명한 2층 누각 학사루에 올라 주변 경치를 둘러보던 김종직의 표정이 한순간 굳어 버렸다. 유자광이 다녀가면서 지은 시가 학사루에 걸려 있었던 것이다.

유자광은 훌륭한 장수 남이 장군을 역모로 몰아 죽게 한 소인배라는 이야기가 전해지는 인물이었다. 김종직이 그런 유자광을 좋게 생각할 리가 없었다. 김종직은 그 자리에서 시가 적힌 현판을 뜯어내어 불대웠다. 뒤에 이 이야기를 들은 유지광은 수치심에 피가 거꾸로 솟는 듯했다. 하지만 당시는 성종이 김종직을 비롯한 사림을 크게 믿고 의지하는 시기였다. 어쩔 수 없이 너털웃음으로 자신의 속마음을 감추었지만, '언젠가 이 모욕을 반드시 갚아 줄 것이다'라며 복수를 다짐했다.

학사루와 관련된 이 이야기는 결국 무오사화의 출발점이 되었다고 한다. 무오사화는 도대체 왜 일어난 것일까?

권력을 독점한 훈구

조카를 몰아내고 왕위에 오른 세조는 자신을 왕으로 만들어 준 사람들을 공신으로 책봉했다. 세조는 그 공신들에게 높은 관직을 내려 주는 것은 물론 많은 토지와 노비까지 주어 더욱 확실한 자기편으로 만들었다. 이처럼 세조가 왕이 되는 데 커다란 도움을 준 공신들을 중심으로 훈구가 형성되었다. 그들은 엄청난 재산을 거느리고 높은 자리에서 떵떵거리며 살았다. 훈구는 세조가 세상을 떠난 뒤에도 중요한 자리를 독차지하고 계속 권력을 누렸다.

이런 가운데 성종이 왕위에 올랐다. 왕이 바뀌었으나 국가의 중요한 결정은 여전히 훈구 대신들을 중심으로 이루어졌다. 성종은 이런 상황을 변화시킬 방법을 고민했다. 이때 성종의 눈에 들어온 사람들이 사림이다.

훈구를 견제한 사림

사림은 고려 말 신진 사대부 가운데 조선 참여를 거부한 정몽주의 학풍을 이어받은 길재에게서 비롯되었다. 길재 역시 정몽주와 생각이 같아서 조선 건국을 끝까지 반대한 터라 조선을 인정하지 않았다. 고향으로 내려간 그는 늙은 어머니를 봉양하면서 자신의 학문을 후배와 제자 들에게 전하는 일에 전념했다.

길재처럼 조선에 참여하지 않은 고려 말 온건파 사대부들은 주로 지방에서 성리학 연구와 제자 양성에 힘을 기울였다. 성리학이라는 학문으로 무장한 온건파 사대부의 제자들은 비록 정치에 참여하지는 않았지만, 향촌 사회에서는 존경받는 학자로 또는 마을의 어른으로 자리 잡았다.

조선이 점차 안정되어 가자 그들 중 일부는 과거를 통해 중앙으로 진출하기 시작했다. 그 중심에 선 인물이 김종직이다. 길재의 제자 김숙자의 아들인 김종직은 과거에 합격해 세조 때부터 관리를 지냈다. 남들은 중앙에서 높은 관직에 오르려 노력할 때, 그는 늙은 어머니를 부양한다며 지방관에 자원했다. 함양과 선산 등 경상도 지역에서 10여 년을 수령으로 근무하면서 성리학적 질서가 잡힌 향촌을 만들기 위해 노력하며 훌륭한 정치를 펼쳐 백성들의 칭찬이 자자했다. 이 기간 동안 학문을 장려하여 수많은 우수한 인재를 키워 내기도 했다. 이들이 훗날 과거에 합격해 중앙의 정치 무대에 등장하면서 사림의 주요 세력으로 성장한다.

성종은 바로 그 김종직을 주목했다. 권력과 거리가 멀기에 부정부패한 훈구를 자유롭게 비판할 수 있는 새로운 정치 세력이 필요했던 것이다. 김종직이 중앙의 정치 무대에 등장한 후 그를 따르는 선비와 제자 들이 속속 과거에 급제하여 중앙으로 진출해 큰 세력을 이루게 되었다.

역사에서는 이들을 '사림'이라고 일컫는다. 사림은 주로 홍문관을 비롯한 3사에 자리를 잡고 부정부패한 대신들을 비판했다. 물론 대신들은 대부분 훈구였다. 사림은 자신들을 불러들인 성종의 지원 아래 훈구를 견제하며 하나의 큰 정치 세력으로 서서히 자리를 굳혀 갔다.

사림과 대립한 연산군

성종은 조선의 역대 왕 중 몇 손가락 안에 꼽힐 정도로 학문을 즐기고 신하들과의 경연에도 열심이었던 뛰어난 능력을 지닌 군주다. 이 같은 개인적인 능력에 훈구를 견제해야 하는 정치적 이유까지 지닌 성종의 재위 기간에는 중앙 무대에 처음 등장한 사림들이 3사를 중심으로 세력을 떨쳤다.

하지만 성종의 아들 연산군은 아버지와 달랐다. 왕세자 시절 3사의 관리들이 올린 상소로 성종의 결정이 뒤바뀌는 것을 보면서, 연산군은 왕이 모든 것의 중심에 서는 조선을 꿈꾸었다. 성종 시기에 그랬듯이 신하들의 의견이 존중받는 세상을 만들고자 한 사림, 아버지를 보면서 강력한 왕권을 세워야 한다는 결심을 굳힌 연산군. 이 둘은 연산군이 왕이 되자마자 사사건건 부딪치기 시작했다. 성종의 묘호(세상을 떠난 왕에게 붙이는 이름)를 정하는 문제, 성종에게 불교식 재를 올리는 문제, 정승을 임명하는 문제 등 연산군과 사림이 중심이 된 언관들은 거의 모든 문제에서 대립했다.

연산군은 매사에 자신의 의견에 반대하는 사림을 점차 멀리하기 시작했다. 사림들의 견제에 숨죽여 지내던 훈구 대신들은 연산군의 이런 변화를 재빨리 알아차리고 기회를 기다렸다.

〈조의제문〉, 사림을 쫓아내기 위한 최고의 핑계

김종직의 제자 김일손은 사관이었다. 그는 원리·원칙대로 모든 사실을 기록으로 남겼다. 그중에는 훈구 대신 이극돈이 세조의 부인 정희 왕후가 세상을 떠났을 때 기생들을 불러들여 잔치를 연 기록이 있었다.

성종이 세상을 뜨자, 성종 때의 기록들을 모아《성종실록》을 편찬하기 위한 사초가 만들어졌다. 김일손도 이 작업에 참여했다. 문제는 이극돈이 이 작업의 총책임자가 되면서 시작되었다. 이극

돈은 자신의 잘못이 그대로 사초에 실려 있는 것을 보고 그 기록을 남긴 김일손을 못마땅하게 여겼을 뿐 아니라 어떻게 해서든 자신의 비리가 기록으로 남는 것을 막으려 했다. 그때 눈에 들어온 것이 조의제문이다.

항우는 옛날 중국 초나라 지역에서 백성들의 지지를 얻어 나라를 세우기 위해 초나라 왕실의 후손인 어린 의제를 왕으로 삼았다. 초나라 지역에서 기틀을 잡은 나라는 크게 발전을 거듭했다. 그러자 더 이상 허수아비 의제는 필요 없었다. 이에 초나라의 왕위에 오르기 위해 항우는 의제를 살해하고 말았다.

〈조의제문〉은 '의제를 조문하는 글'이라는 의미다. 이 글은 중국 사람이 아닌, 사림의 중심 김종직이 쓴 글이다. 세조가 조카인 단종을 죽이고 왕이 된 것을 항우가 의제를 죽이고 왕이 된 사건에 은근히 빗대어 쓴 것으로, 결국 세조가 단종을 쫓아내고 왕위에 오른 것은 잘못이라는 뜻이었다. 세조의 왕위 찬탈이 못마땅한 김일손은 〈조의제문〉도 사초에 실었다. 김종직과 김일손이 마뜩잖던 유자광과 이극돈에게 〈조의제문〉은 좋은 먹잇감이 되었다.

"세조께서 단종을 몰아내고 왕위에 오른 것이 잘못되었다 함은, 세조의 뒤를 이은 성종과 그 뒤를 이은 임금께서 왕이 된 것도 잘못이라는 뜻입니다!"

그동안 사림이 중심이 된 언관들의 견제로 사사건건 부패한 관리로 몰려 온 훈구는 오랜만에 목청을 높였다. 연산군은 훈구의 문제 제기를 반겼다. 훈구와 연산군은 이를 이용해 사림을 약화시킬 수 있다고 생각했다. 그러나 김종직은 이미 세상을 떠난 지 오래였다. 훈구에게 그것은 중요하지 않았다. 김종직의 제자들이 조정에 남아 있었기 때문이다.

"김종직을 부관참시하고 그 제자 김일손을 잡아들여라!"

1498년 무오년 연산군의 불호령으로 김일손을 비롯한 많은 사림이 억울한 누명을 쓰고 목숨을 잃거나 관직에서 물러나 멀리 귀양살이를 떠나야 했다. 무오년에 사림이 화를 입었다고 하여 이를 '무오사화'라 한다. 훈구는 앓던 이를 뽑은 것처럼 좋아했다. 성종의 부름으로 본격적으로 조선에 참여한 사림은 크게 타격을 입고 약화되었다. 이후 사림이 재집권과 몰락을 반복하면서 여러 차례 사화가 발생했다. 바로 이 무오사화가 사화의 시작이었다.

그때 세계는

유럽인의 욕심에
희생당한 아메리카 원주민

아메리카 대륙이 유럽 세계에 널리 알려진 것은 1492년 콜럼버스의 항해 이후다. 콜럼버스는 자신이 발견한 곳이 인도라고 생각했기 때문에 아메리카 원주민들은 수백 년 동안 인디언으로 불렸다. 그곳이 인도가 아니라는 사실은 훗날 아메리고 베스푸치라는 탐험가가 밝혀냈고, 그의 이름을 따서 신대륙을 '아메리카'로 부르게 되었다. 탐험가들의 발견은 인쇄술의 발전에 힘입어 유럽 전 지역으로 퍼져 나갔다. 발달된 군사력을 바탕으로 세력을 확장하는 한편 종교를 전파하고 많은 재물을 얻겠다는 꿈을 품은 유럽 여러 나라가 새로운 땅으로 몰려들었다.

비록 소수이기는 하나 유럽의 군대는 우월한 무기를 바탕으로 아메리카 대륙을 휩쓸고 다녔다. 16세기 초 에스파냐의 코르테스와 피사로는 각각 오늘날의 멕시코에 자리 잡고 있던 아스테카 제국과 오늘날의 페루에 해당하는 잉카 제국을 멸망시켰다. 이렇게 중남미의 거대한 두 문명은 파괴되었고, 에스파냐인들은

원주민을 동원하여 금은과 같은 자원을 채굴하고 사탕수수와 담배 등 돈이 되는 작물을 대규모로 재배하는 대농장을 운영했다.

아메리카 원주민은 노동력 착취와 유럽에서 전파된 천연두와 홍역 같은 전염병으로 그 수가 대폭 줄었는데, 콜럼버스의 항해 이후 100여 년간 전체 인구의 80~90퍼센트가 사망한 것으로 추정된다. 원주민 인구가 감소하자 유럽인들은 광산 개발과 농장 운영에 필요한 노동력을 얻기 위해 아프리카 원주민을 노예로 동원하여 아메리카로 끌고 갔다.

죽은 폐비 윤 씨가
어떻게 피바람을
몰고 왔을까?
-갑자사화

　칠거지악은 아내를 내쫓을 수 있는 일곱 가지 사유를 이르는 것으로, 유교적 도덕관념을 바탕으로 한다. 이 일곱 가지는 부모에게 공손하지 않음, 자식이 없음, 음란함, 투기, 나쁜 병, 말이 많아 말썽을 일으킴, 도둑질이다. 칠거지악은 왕실에도 엄격하게 적용되어 그로 인해 종종 예상치 못한 큰 사건이 일어났다. 무오사화에 이은 연산군 대의 두 번째 사화인 갑자사화가 그 예다.

　갑자사화는 수많은 정치적 숙청 중에서도 대단히 처참하고 기이한 사건이며, 연산군의 폭정으로 조선의 중앙 정치는 개국 이래 가장 심각한 파탄에 직면한다. 조선은 과연 이 위기를 어떻게 극복할 것인가? 앞으로 이어지는 이야기에 귀 기울여 보면 조선 왕조가 500년이 넘도록 유지될 수 있었던 요인이 무엇인지 알 수 있을 것이다.

왕실 여성의 일상

조선의 왕비는 간택부터 잠자는 곳, 입고 먹는 것 등 모든 부분에서 궁궐의 엄격한 예의와 법도를 따라야 했다. 궁중 생활에는 많은 어려움이 따르고 그만큼 인내가 요구되었다. 친정 집안이 화를 당하는가 하면 정치적 소용돌이 속에서 불행한 삶을 살기도 했다. 대표적인 예로 성종 때의 폐비 윤 씨, 숙종 때의 인현 왕후와 장 희빈을 들 수 있다.

왕비는 반드시 왕이 일어나기 전에 깨어 있어야 했다. 이어 왕을 따라 왕실 어른들에게 문안을 여쭙는 것으로 하루의 공식 활동을 시작했고, 왕실 어른으로서 세자를 비롯한 왕자와 공주 그리고 후궁들의 문안 인사를 받으면 그날의 문안이 끝난다.

그러고 나면 왕비는 중궁전으로 나아가 대궐 내 일상적인 업무들을 챙겨야 했다. 왕비는 국모로서 왕실 내부뿐 아니라 궁궐 안 여인들 그리고 만백성의 어머니로서 모범을 보이는 행동을 해야만 했다. 왕비는 공적으로 내명부(궁중에서 품계를 받은 모든 여성)의 수상이므로 왕실의 인척이나 종친의 부인 그리고 문무백

관의 부인 외에도 대궐 밖 중요 종친과 고위직 부인들을 통솔하는 것 또한 왕비의 중요한 업무 중 하나였다.

피바람이 예고된 폐비 윤 씨의 죽음

조선의 제9대 왕 성종은 공혜 왕후가 세상을 떠나자, 윤기견의 딸을 왕비로 맞아들였다. 곧이어 연산군을 낳아 중전으로서 위치가 더욱 확고해졌지만 이 여인은 불과 3년 뒤에 폐위되고 만다. 성종과 말싸움을 하던 중 왕의 얼굴에 손톱자국을 낸 것이 발단이 되어 시어머니 인수 대비의 분노를 샀다는 설이 있으나,《성종실록》에는 기록되어 있지 않다. 다른 후궁들을 질투해 짚으로 만든 인형으로 저주하고, 독살하기 위해 독이 든 곶감을 숨겨 두었다는 정도의 기록이《성종실록》에 남아 있을 뿐이다.

폐비 윤 씨가 궁에서 쫓겨나는 것으로도 모자라 사약을 받고 죽었을 때 연산군은 열 살도 안 된 어린아이였다. 앞으로 100년 동안은 폐비 문제를 거론하지 말라는 유언을 남길 정도로 행여 연산군이 알게 될까 전전긍긍한 성종의 바람과 달리 이 사건은 연산군 즉위 10년 만에 어마어마한 후폭풍을 몰고 온다.

연산군의 포악한 성격

성종이 어느 날 세자 융(훗날의 연산군)을 불러 놓고 임금의 도리에 대해 가르치려 할 때였다. 부왕의 부름을 받고 온 세자 융이 성종에게 다가가려 할 때 어디선지 난데없이 사슴 한 마리가 달려들더니 그의 옷과 손등을 핥아 댔다. 그 사슴은 성종이 몹시 아끼는 애완동물이었다. 하지만 융은 사슴이 자신의 옷을 더럽힌 것에 격분한 나머지 부왕인 성종이 보는 앞에서 사슴을 발길로 걸어찼고, 이 광경을 지켜본 성종은 화가 나서 융을 꾸짖었다. 성종이 죽고 왕으로 등극한 세자 융은 가장 먼저 그 사슴을 활로 죽여 버렸다.

이번에는 연산군과 스승들에 관한 이야기다. 융에게는 허침과 조자서 두 스승이 있었는데, 그들은 학문과 명망이 높아 성종이 친히 세자를 맡아 달라고 부탁한 사람들이었다. 이 두 스승의 성격은 사뭇 대조적이었다. 조자서는 엄하고 깐깐한 데 비해 허침은 너그럽고 포용력 있는 사람이었다.

장난기가 많은 융은 자주 수업 시간을 비웠고, 깐깐한 조자서는 툭하면 그 사실을 상감에게 고해 바치겠다고 으름장을 놓곤 했다. 하지만 허침은 언제나 웃으면서 부드럽게 타일렀다. 어린 세자는 당연히 조자서를 싫어하고 허침을 좋아했다. 하루는 벽에다 "조사서는 소인배요, 허침은 대성인이다"라고 낙서를 했는데, 이것은 단순한 낙서에 그치지 않았다. 융은 왕위에 오르자 조자서를 숙이고 말았다.

또다시 화를 입은 선비들

세상에 비밀은 없는 법. 모두가 연산군 어머니의 죽음에 대해 쉬쉬하고 있을 때, 임사홍이라는 인물이 연산군에게 폐비 윤 씨의 죽음에 얽힌 이야기를 낱낱이 고해 바쳤다. 비로소 어머니의 죽음에 관한 진실을 알게 된 연산군은 몹시 분노하며, 어머니를 모함해 죽음에 이르게 했다고 판단한 후궁 엄 귀인과 정 귀인을 때려죽이고 사건의 전말을 조사하게 했다.

이후 폐비 사건에 가담했거나 적극 반대하지 않은 신하들을 모조리 처단했다. 이미 죽은 사람이라고 예외는 아니어서 부관참시 같은 극형을 내렸다. 또한 재산 몰수라는 경제적 처벌까지 병행했다. 200명이 넘는 대규모 인원을 참혹한 방법으로 처벌한 이 사건이 '갑자사화'다. 일부 훈구가 피해를 입었지만 이번에도 역시 사림이 큰 피해를 입었다.

거대한 폭력으로 신하들을 완벽하게 제압한 연산군은 갈수록 포악해져 결국 왕위에서 쫓겨나고 말았다. 연산군은 쫓겨난 왕이기 때문에 왕의 호칭인 '조·종'을 사용하지 못하고 왕자일 때의 호칭인 '군'으로 불린다.

왕실 호칭의 이모저모

    종묘는 역대 왕과 왕비의 신주를 모셔 두는 왕실의 사당이다. 종묘에 모실 때 사용되는 묘호인 '조'와 '종'은 어떻게 다를까?

    조는 창업한 왕, 국난을 극복한 왕, 중흥을 이끈 왕, 반정을 통해 즉위한 왕의 경우에 붙이는 호칭으로 조선의 27명 왕 중 일곱 명 즉 태조, 세조, 선조, 인조, 영조, 정조, 순조뿐이다. 종은 왕위를 계승한 경우에 붙인다. 그러나 조와 종을 나누는 기준이 모호하고, 종보다 조가 격이 높은 것으로 인식되어 있어 종에서 조로 바뀌는 경우가 생기기도 한다.

    연산군과 광해군은 반정으로 축출되어 왕으로 인정받지 못해 당연히 종묘에 신주가 모셔지지 않았고, 후궁 소생의 왕자에게 쓰는 '군'으로 강등되었다. 참고로 왕비 소생의 왕자는 '대군'이라고 구분하여 불렀다. 광해군은 왕이 되기 이전의 호칭으로 되돌아갔고, 연산군은 왕비 소생의 왕자였음에도 대군이 아닌 군의 호칭에 머물러야 했다.

    치별은 또 있다. 왕의 무덤은 '능'이리 부르지만, 언산군과 광해군의 무덤은 능에 비해 매우 초라하고 볼품없는 '묘'라고 부른다. 또한 왕이 승하하면 대개는 다음 대에 실록을 편찬하기 마련인데 연산군과 광해군은 《연산군일기》, 《광해군일기》와 같이 '일기'를 붙여 차별했다.

조선 시대 왕 중에는 대를 잇지 못하고 승하한 왕이 몇 명 있다. 그 경우 왕의 핏줄 가운데 가장 가까운 이가 왕위를 계승하게 되고, 왕이 된 사람의 아버지에게 붙이는 명칭이 '대원군'이다. 고종의 아버지 흥선 대원군이 우리에게 잘 알려진 까닭에 그만이 대원군인 듯한 인상을 주지만, 사실 세 명이 더 있다. 선조, 인조, 철종의 아버지도 모두 사후에 대원군으로 불렸다. 그 밖에 왕비의 아버지, 즉 왕의 장인에게 주는 '부원군'이라는 칭호가 있다.

궁궐에는 왕비 외에 대왕대비, 왕대비, 대비, 세자빈, 후궁, 공주, 옹주 등 많은 왕실 여성이 살았다. 왕비는 왕의 아내를 말하는데 왕후라고도 부른다. 남편 즉 왕이 죽고 아들이 왕의 자리를 물려받으면 왕의 어머니로서 왕대비가 되고, 할머니가 되면 대왕대비가 된다. 선왕이 죽은 후 즉위하는 왕이 어린 경우, 왕의 할머니(대왕대비)나 어머니(왕대비)가 왕실의 최고 어른으로서 왕과 함께 국가의 일을 처리했다.

'빈'은 세자의 아내와 왕의 최고 후궁에 사용한다. 그리고 왕비가 낳은 딸은 공주, 후궁이 낳은 딸은 옹주로 구분하여 불렀다. 또 후궁은 품계에 따라 여러 단계로 나뉜다. 이때 품계는 자녀 중 왕자가 있느냐 없느냐에 따라 결정되었다. 광해군의 어머니 공빈 김 씨, 인조의 할머니 인빈 김 씨 등은 모두 정1품에 해당하는 빈에 해당되었다.

밤낮으로 놀이를 즐긴 연산군과 흥청망청

연산군은 전국에 채홍사를 보내 연회에 쓸 기녀들을 뽑아 각 고을에서 관리하도록 했다. 대궐로 뽑혀 온 기녀들에게 연산군은 직접 '흥청'이라는 명칭을 내렸다. 수천 명에 달한 흥청은 등급까지 매겨져 관리되고 양민의 아내나 딸까지 징발한 것으로 알려졌다.

참고로 흥청을 위한 공간으로 사용된 건물은 놀랍게도 집현전이다. 또한 세조가 중건한 절 원각사(원각사가 있던 터인 탑골 공원에 국보 제2호 원각사지 10층 석탑이 있다)를 아예 기생방으로 만들어 버린다. 이 왕실 전속 기생들을 유지하는 비용은 모두 국고에서 충당되었으므로 백성들의 원망이 높았다.

연산군이 궁 밖으로 놀러 갈 때는 요즘으로 치면 캠핑카와 같은 거사를 들고 가 아무데나 세워 놓고 흥청들과 유흥을 즐겼다. 마구 먹고 즐기는 모양을 이르는 흥청망청은 이 흥청(興淸) 뒤에 후렴구처럼 '망청'을 붙인 낱말로, 망청의 '망'은 일으킬 흥(興) 자와 대구를 이루는 망할 망(亡) 자의 의미를 가지기도 한다.

16세기 유럽 최대의 사건 종교 개혁

16세기 유럽에서는 한 세기가 넘도록 '프로테스탄트'(저항하는 사람)라고 불리는 신교 세력과 기존 가톨릭 교회를 고집하는 구교 세력의 대립과 갈등이 지속되었다.

1517년 교황 레오 10세가 산피에트로 대성당의 건축 자금을 마련하려고 면벌부를 대량 발행했다. 이에 독일의 신학자 마르틴 루터가 비텐베르크 교회 정문에 〈95개조 반박문〉을 발표하여 교황의 잘못을 비판하고, 개인의 자유를 존중하는 새로운 신앙 생활을 추구하자고 주장했다.

이와 같은 분위기는 독일뿐 아니라 다른 지역으로도 퍼져 나갔다. 스위스 제네바에서 오직 성서의 교리만을 따르자고 주장한 칼뱅의 사상은 프랑스·영국·네덜란드 등지로 퍼져 나갔고, 유럽 곳곳에서 가톨릭 세력과 신교 세력 사이에 전쟁이 벌어졌다. 신교와 구교의 기나긴 싸움은 1648년에 이르러서야 겨우 일단락이 된다.

영국에서는 색다른 방식으로 종교 개혁이 진행되었다. 왕비를 여섯 명이나 두고 바람둥이로 유명한 영국 왕 헨리 8세는 앤 불린이라는 여자와 사랑에 빠져 왕비 캐서린과 이혼하려고 했다. 당시 유럽 왕실에서는 이혼을 하려면 교황의 허락을 받아야 했는데, 교황은 그들의 이혼을 허락하지 않았다. 왕비 캐서린이 교황의 강력한 지지 세력인 신성 로마 제국 카를 5세의 조카였기 때문이다.

이에 화가 난 헨리 8세는 1534년 영국의 모든 교회가 가톨릭 교회로부터 독립해 국왕인 자신을 따라야 한다고 선언했다. 이렇게 영국 국교회 즉 오늘날의 성공회가 세워졌다. 그런데 아이러니하게도 종교 개혁까지 일으키며 앤 불린과 결혼했건만 헨리 8세는 고작 3년 만에 그녀를 사형시키고 말았다.

무엇이 조광조에게
비극적 최후를 가져왔을까?
-기묘사화

조선을 유교가 근본을 이루는 이상 국가로 만들고자 한 중종. 그의 파트너가 되어 유례를 찾기 힘들 만큼 초고속 승진을 하다가 관직에 진출한 지 4년 만에 사약을 받고 최후를 맞이한 조광조. 대체 둘 사이에 어떤 일이 있었기에 무한하던 신뢰 관계가 비극으로 치닫게 된 것일까?

연산군이 쫓겨나고 왕위에 '앉혀진' 중종

폭정에 시달리며 불안에 떨던 신하들은 박원종, 성희안, 유순정 등을 중심으로 연산군을 폐위시키기 위해 모의했다. 이들은 조정 대신들에게 거사 계획을 알리고 협조를 구했는데, 연산군에 대한 반감이 얼마나 컸는지 조정 최고의 중신들 모두가 거사에 동참했다.

1506년 가을 이들은 연산군의 치세를 부정하고 옳은 시대로 되돌아간다는 의미로 자신들이 벌이는 일을 '반정'이라고 불렀다. 이 반정 후 즉위한 왕의 묘호(왕이 죽은 후 공덕을 기려 붙이는 이름)가 중종이므로 이 사건을 '중종반정'이라고 부른다.

반정 세력은 연산군의 최측근인 임사홍, 처남 신수근, 총애를 받아 국정을 농단한 장녹수 등을 제거했다. 이 과정에서 군사적 충돌은 거의 일어나지 않았는데 상황을 살펴보겠다며 도망치거나 반정 세력에 합류했기 때문이다. 거사에 성공한 박원종 등은 연산군을 폐위하고 성종의 둘째 아들이자 연산군의 이복동생 진성 대군을 즉위시켰다. 그가 바로 조선 최초의 반정 군주 중종이다. 반정 과정에서 아무 역할을 하지 못한 중종은 즉위 직후 공신들의 눈치를 보며 모든 것을 그들에게 의존할 수밖에 없었다.

개혁 파트너로 선택된 조광조

팔자에도 없는 왕위에 오르게 되었으나 중종은 연산군과 대비되는 도덕적인 정치를 펼쳐 조선을 유교의 이상이 실현된 나라로 만들겠다는 꿈을 품었다. 이를 실현하기 위해서는 우선 연산군 시절의 잘못된 정치를 바로잡아야 했다. 그러나 연산군의 측근이던 훈구의 일부가 아직 조정에 남아서 권력을 행사하고 있어 과거의 잘못된 정치를 근본적으로 바꿀 수는 없었다.

그들을 견제하기 위해 중종은 사림을 등용하여 중책을 맡겼다. 그는 연산군이 없애 버린 홍문관을 부활시키고 그 자리에 사림을 배치하여 훈구를 견제하려고 했다. 특히 사림의 떠오르는 인물 중 한 명인 조광조를 각별히 여겨 초고속으로 승진시켰다. 남들은 10년 걸려 올라간다는 당상관(정3품 이상의 관직을 가진 관리) 자리에 조광조는 3년 만에 올랐다. 중종의 적극적인 지지 속에서 조광조는 왕도 정치(높은 도덕성을 바탕으로 왕이 신하와 협력하여 백성을 바르게 다스리는 정치)를 실현하기 위해 강력한 개혁을 추진해 나갔다.

우선 조광조는 학문과 덕행이 뛰어난 인재를 추천받아 관리로 선발하는 제도인 현량과를 실시하자고 주장했다. 건국 이래 인재를 선발해 온 제도인 과거제는 시와 문장을 암기하는 능력은 평가할 수 있지만 성리학을 얼마나 잘 실천하고 있는지는 평가할 수 없었다. 조광조의 의견을 받아들인 중종은 현량과로 관리 28명을 선발했다. 그들은 3사와 같은 언론 기구, 성균관과 같은 학문 연구 기관에 배치되어 조광조의 개혁을 뒷받침했다. 조선을 유교 국가로 변화시키려 한 소광소는 성리학에 토대를 둔 생활 규범

중종 태봉 석함. 왕실에서는 아기의 탯줄을 귀하게 다루어 항아리(태실)에 담아 보관하다 그 아기가 왕이 되면 태실을 돌로 장식하고 봉하여(태봉) 명당에 모셨다. 일제 강점기에 일제는 왕들의 태실을 모두 경기도 고양시 서삼릉으로 옮겼다 (그림 9).

을 적은 《소학》(유학 초보자가 공부하는 책)과 향약(지방 향촌의 사람들이 서로 돕고 권하는 자치 규약)을 적극적으로 보급했다.

임금에게 돌직구를 날린 신하

조광조는 유교 국가 조선에서 도교와 관련된 기관인 소격서(도교의 영향을 받아 하늘과 별에 제사를 지낸 관청)를 없애야 한다고 주장했다. 중종이 "세종과 성종처럼 훌륭한 임금들도 없애지 않은 기관을 없앨 수는 없다"라며 반대했지만, 조광조와 사림은 중종을 압박하여 끝내 소격서를 폐지했다.

자신감을 얻은 조광조와 사림은 중종반정 이후 공신 명단에
오른 사람 중 대다수가 아무런 공을 세우지 않았는데도 공신이
되었다고 주장하며 훈구를 정면으로 공격했다. 그 결과 전체 공
신 중 70퍼센트가 명단에서 탈락되었는데, 이 일을 가짜로 작성
된 공신 명단을 없앴다는 뜻으로 '위훈 삭제 사건'이라고 부른다.
이 일로 사림에 대한 훈구의 분노는 극에 달하고, 중종은 자신을
왕의 자리에 올려놓은 사람들을 벌주었기에 체면이 구겨졌다.

소격서 폐지나 위훈 삭제 사건이 아니어도 중종은 조광조가 불
편하게 느껴지던 터였다. 조광조가 경연을 자주 열어 왕이 공부
를 안 한다고 돌직구를 날리는가 하면, 지진이 일어났을 때 '왕의
덕이 부족해서 벌어진 일'이라며 비판하는 등 자꾸 심기를 건드
렸다. 조광조가 중앙 정치계에 등장한 뒤 그와 사림을 눈엣가시
로 여겨 온 훈구는 변해 가는 중종의 마음을 귀신같이 알아챘다.

브레이크 없이 질주한 조광조의 최후

공신 명단에서 탈락한 훈구는 비밀리에 왕을 만나 조광조 일
파가 조정을 어지럽히고 있다고 호소했다. 그렇지 않아도 조광조
의 언행에 마음이 편치 않은 중종은 이를 받아들여 위훈 삭제가
있은 지 닷새 만에 소광소를 비롯한 사림을 감옥에 가두었다. 이

후 조광조를 비롯한 사림은 먼 곳으로 귀양 가 대부분 그곳에서
사약을 받아 죽임을 당했다. 이 사건이 일어난 해가 1519년 기묘
년으로, 기묘년에 선비들이 큰 화를 입었다고 하여 '기묘사화'라
일컫는다.

한편 조광조는 유배지에서 죽을 때까지도 왜 중종이 자신을
미워하게 되었는지를 몰랐던 모양이다. 그가 감옥에 있을 때 중
종에게 올린 상소문에는 한 번만 만나 달라는 말이 적혀 있다.
직접 만나면 자신에게 쌓인 오해를 풀 수 있을 것이라고 생각한 것이다. 그는 중종이 간신배들에게 휘둘리고 있다고만 생각했지 통제되지 않는 신하를 용납하지 않으려 한 마음을 이해하지 못했다.

유배지에서 사약을 받은 조광조는 이런 시를 남겼다.

임금을 어버이처럼 사랑하고
나랏일을 내 집 일같이 걱정했노라
밝고 밝은 햇빛이 세상을 내려다보니
거짓 없는 이 마음을 훤히 비추리라

자신의 개혁이 임금과 나라를 위한 일이었는데 죽게 되어 억울하다는 심정을 표현한 내용이다. 아마도 조광조에게 기묘사화는 도무지 이해할 수 없는 기묘한 사건이었을 것이다.

과학으로 밝혀낸 거짓, 주초위왕 이야기

기묘사화와 관련하여 《선조실록》에 이런 이야기가 전해진다. 훈구가 조광조를 모함하기 위해 '조(趙)씨가 왕이 된다'고 해석될 수 있는 '주초위왕(走肖爲王)'이라는 글씨를 궁궐에 있는 뽕나무 잎에 꿀로 써 놓았다고 한다. 얼마 후 꿀이 발라진 부분만 벌레가 갉아 먹은 나뭇잎을 후궁 희빈 홍 씨가 발견하여 중종에게 보여 주었고, 조광조와 그 추종자들이 역모를 꾸민 죄로 제거당했다는 내용이다.

이 이야기가 현실적으로 가능한지를 알아보기 위해 인하대학교 민경진 생명과학과 교수 연구팀이 실험해 보았다. 연구팀은 2015년 5~7월 2주 간격으로 관악산 일대에서 나뭇잎 뒷면에 꿀로 임금 왕(王) 자를 써 두고 곤충이 갉아 먹는지 관찰했으나, 어떤 나뭇잎에서도 글씨 모양대로 갉아 먹은 흔적을 발견하지 못했다.

연구팀은 논문을 통해 '주초위왕 네 글자를 쓸 만한 크기의 나뭇잎이 드물다', '12획으로 이루어져 있는 위(爲)는 모양이 복잡해 곤충을 이용하여 글자를 만들기 어렵다' 등의 이유를 밝혔다.

갑자년, 을축년… 그해의 이름 짓기

임진왜란, 병자호란, 을사늑약. 우리 조상들은 그해의 이름을 앞에 넣어 중요한 사건의 이름을 정했다. 임진, 병자, 을사 등이 바로 그 사건이 일어난 해의 이름이다. 이 이름들은 어떻게 지어지는 것일까?

중국에서는 열을 세기 위한 방법으로 '갑, 을, 병, 정, 무, 기, 경, 신, 임, 계'라는 십간을 사용했다. 또한 방위나 시간을 나타내기 위해 인간과 밀접한 관계가 있는 열두 동물을 각 방향과 시간에 대응하여 사용했다. '자, 축, 인, 묘, 진, 사, 오, 미, 신, 유, 술, 해' 가 십이지에 해당한다. 바로 이 십간과 십이지를 조합하여 각 연도의 이름을 짓는다.

십간의 첫 번째인 갑과 십이지의 첫 번째인 자를 합하면 갑자년이 되고, 그다음 해는 각각 두 번째에 해당하는 자를 조합하여 을축년이 되는 것이다.

'대책 없는 난장판'이
과거 시험 때문에
생겨난 말이라고?

'쟤 진짜 대책 없네', '대책을 마련해 보자'라고 할 때 이 '대책'이라는 말은 조선 시대 과거에서 유래했다는 사실을 알고 있을까? '난장판'이라는 말도 마찬가지다. 자, 그럼 그 유래를 하나하나 살펴보자.

대학 입시보다 훨씬 어려운 과거

조선 시대 과거는 문과, 무과, 잡과로 나뉘어 치러졌으며 문과가 대다수를 차지했다. 과거 응시생은 조선 시대 초기 1년에 1만여 명이던 것이 18~19세기에는 5만~6만 명으로 급증했다고 한다. 조선 시대 후기 기준으로만 보면 경쟁률 약 2천 대 1의 치열한 과거 시험장에 사람이 모이다 보니 질서 없이 들끓고 떠들어대던 과거 시험장을 '난장'라고 불렀다. '과거를 치르는 마당'이라는 뜻의 난장에서 유래한 말이 '난장판'이고, 이 말은 오늘날에는 여러 사람이 뒤섞여 어지러이 떠들어 대거나 뒤죽박죽이 된 모습을 나타내는 말로 변하여 사용되고 있다.

과거 합격자의 평균 연령은 35세 안팎이었는데, 보통 다섯 살 때 과거 공부를 시작한다면 무려 30년 이상 머리를 싸매고 공부해야 겨우 합격할 수 있었던 것이다. 게다가 과거 시험은 원칙적으로 3년마다 실시되었다. 한 번 떨어지면 최소 3년은 기다려야하니 합격에 목숨을 걸 수밖에 없었다.

문과의 최연소 합격자는 조선 말기 문장가 이건창으로, 열네 살 되던 1866년(고종 3년) 과거 급제를 했다. 하지만 합격 당시 나이가 너무 어려 열여덟 살이 되고 나서야 관직에 나갔다고 한다. 최고령 합격자는 조선 시대 후기 정순교로, 1890년(고종 27년) 여든다섯 살에 합격했다니 정말 놀라운 일이다.

임금이 직접 출제하는 마지막 관문

과거는 최종 합격에 이르기까지 국가시험만 다섯 차례 치러야했다. 우선 예비 시험에 해당하는 소과는 생원시와 진사시로 나뉘었고 생원시는 사서오경을, 진사시는 시 등을 짓는 창작 능력을 시험 보았다. 이 소과를 통과하면 생원 또는 진사가 되며, 그제야 본시험인 대과(문과의 경우)를 치를 수 있었다.

대과 역시 소과와 마찬가지로 1차 시험 격인 초시에서 선발된 240명이 2차 시험 격인 복시에 응시할 자격이 주어졌다. 이렇게 네 차례의 시험에서 뽑힌 과거 급제자 33명만이 꿈에 그리던 문관의 대열에 합류할 수 있었다.

그러나 합격자 33명에게는 임금 앞에서 치러야 하는 '전시'라는 최종 관문이 남아 있었다. 임금이 직접 출제한 시험 문제로 치르는 이 시험은 당락을 가르기 위한 것이 아니라 33명의 등수를 매기기 위한 것이었다. 갑과 3명, 을과 7명, 병과 23명 순으로 등급을 매기고 갑과 1등 합격자가 마침내 장원 급제자가 되었다.

전시에서 치르는 시험 중에는 왕이 정치에 관해 출제한 문제에 답하는 책문이 있었다. 책문은 종이가 없던 시절 대나무 조각(책)에 문제(문)를 써서 응시자에게 주면 응시자는 문제에 대한(대) 답을 적은 대나무를 제출한 데에서 유래한 이름이고, 여기에서 나온 말이 바로 요즘 우리가 흔히 쓰는 '대책'이다.

소과에서 경전에 대한 이해와 시와 문장 짓는 능력을 측정했다면, 임금이 시험 문제를 내는 대과에서는 시급한 국가 현안에 대한 정책 입안 능력을 평가했다고 볼 수 있다. 즉 시급한 나랏일과 고민거리에 대한 유생들의 생각을 물어본 것으로, 임금이 갖가지 문제를 해결하기 위해 젊은 인재들에게 아이디어를 구하는 것이다. 요즘 말로 표현하면 시사 현안에 대한 논술 시험인 셈이다.

"인재를 어떻게 구할 것인가?"(세종)

"오랑캐를 제어할 방책을 자세히 논하라."(연산군)

"술의 폐해를 논하라."(중종)

"나라를 망치지 않으려면 왕이 어떻게 해야 하는가?"(명종)

이 책문들을 보면 그 시대의 관심사나 해결하고자 한 문제가 무엇이었는지를 알 수 있다.

현종 5년(1664년) 함경도 길주에서 과거 시험이 열렸는데 그 광경을 도화서 화원 한시각이 〈북새선은도〉라는 두루마리 그림으로 그렸다. 〈북새선은도〉 중 〈길주과시도〉(위)는 관아 마당에서 문무과 시험을 보는 모습을, 〈함흥방방도〉(아래)는 합격자 발표 날 모습을 그린 것이다(그림 10, 11).

과거 시험에도 기발한 커닝이 등장

과거는 워낙 어려운 시험이고 오랜 세월 과거 하나만 바라보고 공부해 왔으니 당연히 누구나 간절하게 합격하기를 원했다. 그래서 수능 입시를 치르는 날 시험장에 엿이 붙어 있는 것과 마찬가지 광경이 있었던 모양이다.《영조실록》에 엿장수들이 과거 시험장을 어지럽힌 것에 대한 관리를 소홀히 한 책임자를 문책해야 한다는 내용이 있으니 말이다.

옛날이나 오늘이나 사람 마음은 같아서 욕심이 지나친 나머지 부정행위도 있었다고 한다. 성균관에서 유학을 가르치는 사성 이형하가 1818년 과거의 폐단을 지적하는 상소를 올릴 정도였다. 상소에는 다음과 같은 다양한 부정행위가 적혀 있다.

고반 : 눈동자를 굴려 사방을 둘러보면서 남의 답안을 훔쳐보는 행위

의영고 : 콧속에 커닝 페이퍼를 숨겨 놓고 시험장에서 몰래 펴 보는 행위

협서 : 책이나 작은 종이를 붓대 끝에 숨겨 가서 몰래 보는 행위

차술차작 : 남의 답안을 베끼는 행위

거벽 : 대리 응시하는 행위

혁제 : 시험관을 매수해 시험 문제를 사전에 아는 행위

외장서입 : 밖에서 작성한 모범 답안지를 과거장 안으로 갖고 들어가는 행위

응시생들의 부정을 막기 위한 중벌은 불가피하여 《예종실록》에 따르면 부정행위를 한 자는 모두 곤장 100대에 3년 이상 중노동에 처했다고 한다.

출석 점수가 중요한 성균관

소과를 통과해 생원이나 진사만 되어도 증손자까지 양반 신분을 유지할 수 있었으니 소과의 난이도는 퍽 높았다고 볼 수 있다. 게다가 소과에 합격하면 성균관에 입학할 자격이 주어졌다. 조선 시대 최고 교육 기관인 성균관은 선발 시험인 승보나 음서를 통해서도 입학할 수 있었고 정원은 200명이었다.

성균관의 학사 과정은 매우 어려웠다. 하루 출석에 원점(출석 점수) 1점씩, 1년에 300점 이상을 채워야 대과에 응시할 수 있었다. 시험도 자주 있어서 열흘마다 그리고 매달 시험을 치른 데다가 한 단원이 끝나면 시험이 있어 한 달에 거의 열 번에 가까운 크고 작은 시험을 치렀다. 심지어 일정 횟수 이상 최하점을 받으면 낙제였다고 한다.

성균관 내 식당에서 끼니를 해결하기 전에 일종의 출석부인 도기에 하루 두 번 이름을 적으면 그날은 출석한 것으로 쳤다. 성균관 입학생 중 출석 점수가 좋은 유생 50명을 대과 초시에서 합격시켰기 때문에 출석 여부가 매우 중요했다고 한다.

율곡 이이가 절에서
불교를 공부했다고?

현재 한국은행에서 발행하고 있는 5천 원짜리 지폐 앞면에는 율곡 이이의 초상이 담겨 있다. 그리고 서울에 있는 종묘와 창덕궁 사이를 지나는 길은 율곡 이이의 이름을 따서 '율곡로'라고 부른다. 이렇듯 조선 시대의 유명한 인물 중 한 명인 율곡 이이는 400여 년의 시간이 흐른 지금도 많은 사람으로부터 존경받는 인물이다.

그러나 그의 생애를 떠올려 보면 구체적으로 떠오르는 것이 별로 없다. 과연 그의 삶은 어땠을까?

율곡 이이의 출생과 방황

이이의 아버지는 파주 출신 이원수라는 사람으로 이이의 호 율곡은 아버지의 고향 파주의 지명 율곡리를 사용한 것이다. 어머니는 5만 원짜리 지폐에서 찾아볼 수 있는 인물로, 당대 여성 중에서 뛰어난 그림 솜씨와 현모양처로 유명한 신사임당이다.

이원수는 어느 날 청룡과 황룡이 서로 엉켜 품에 안기는 꿈을 꾸었고 그 후 이이가 태어났다. 태몽 때문인지 이이는 남달리 총명하여 신사임당은 7남매 중 셋째인 그를 특별히 아껴 많은 것을 가르쳤다. 그렇게 이이는 어머니의 각별한 사랑을 받으며 자랐다.

그런데 이이가 열여섯 살 되던 해에 어머니 신사임당이 마흔 여덟이라는 젊은 나이에 갑자기 세상을 떠났다. 사랑하는 어머니를 잃고 삶이 무엇인지 의문을 갖게 된 이이는 3년상을 치른 뒤 금강산에 있는 절에 들어가 불교를 공부한다. 유교를 중요시하고 불교를 억압하던 조선 시대에 유학자가 절에 들어갔다는 사실은 당시로는 굉장히 파격적인 일이다. 그러나 1년간 절에 머무르며 불교를 공부한 이이는 결국 자신이 가야 할 길이 성리학에 있음을 확인하고 하산했다.

조선 성리학의 양대 산맥 이이와 이황의 교류

금강산에서 내려와 강릉 외가에서 지낸 이이는 성인이 되겠

이이

이황

다는 뜻을 세우고 성리학 공부에 정진했다. 그러던 어느 날 그는
'성리학에서는 중국 사람인 공자 · 맹자 · 주자(중국 송나라 때 성
리학을 집대성한 주희를 높여 부르는 호칭)를 성인으로 모시는데, 조
선에도 그들만큼 훌륭한 성인이 있지 않을까?'라는 생각을 했다.
그리고 자신보다 서른다섯 살이나 많은 당대 최고의 성리학자
퇴계 이황을 조선의 성인이라 결론지었다.

이이는 스물세 살 되던 해 이황의 집을 찾아가 사흘을 머물며
정신적으로 의지할 수 있는 스승을 얻었다. 그 뒤 율곡은 퇴계가

세상을 떠날 때까지 수시로 편지를 주고받으며 사람으로서의 도리를 묻고 가르침을 받았다. 훗날 이황은 제자들에게 다음과 같이 말하며 이이를 칭찬했다고 한다.

"일전에 한양 선비 이이가 나를 찾아왔다네. 비가 오는 바람에 사흘을 머물다가 떠났는데, 사람됨이 밝고 쾌활하며 본 것과 기억하는 것이 많고 자못 우리 학문에 뜻이 깊었네. 그래서 옛 성현의 '젊은 후배들을 두려워할 만하다'라는 말씀이 실로 나를 속이지 않았음을 알았네."

조선의 개혁을 주장하다

이이는 열세 살 나이에 진사시에 합격하고부터 스물아홉 살까지 무려 아홉 차례나 과거 시험에 장원으로 합격했지만 그동안 벼슬길로 나아가지 않았다. 과거 시험을 성인이 되고자 하는 자신의 뜻을 세상에 드러내는 수단이라고만 생각했기 때문이다. 그러나 마지막 과거 시험에 합격한 뒤 이이는 이제 공부한 내용을 실천하겠다고 마음먹고 벼슬살이를 시작했다.

이이는 재정을 담당하는 호조를 시작으로 언론 기관인 3사, 왕의 비서 기관인 승정원 등에서 중요한 직책을 두루 거쳤다. 그리고 청주에 지방관으로 파견되어 백성들의 삶을 직접 돌보았다. 마흔 살 무렵에는 정치를 주도하는 인물로 떠올랐다.

당시 정치 세력은 동인과 서인으로 분열되어 있었다. 그리고 북쪽에서는 여진족이, 남쪽에서는 왜구가 나타나 변방이 위태로운 상황이었으며, 백성들은 무거운 세금 부담으로 힘겨워하고 있었다. 그러한 현실을 잘 알고 있는 이이는 위기를 예감하여 동인과 서인 사이를 조정하고자 애써 정치 세력의 분열을 막았다.

더불어 국방력을 강화해야 한다는 주장을 펼치고, 백성들의 삶을 힘들게 하는 세금 제도를 개선하기 위해 세금을 특산물로 바치던 것을 쌀로 대신하게 하는 수미법을 제안했다. 하지만 당시의 왕 선조는 이이의 제안을 좀처럼 받아들이지 않았다. 그러자 이이는 선조에게 다음과 같이 말했다.

"전하께서는 한 나라와 백성의 주인으로서 백성을 편안하게 할 수 있는 권력을 가지셨고, 그 일을 할 수 있는 자질을 타고나셨습니다. 그런데 어찌하여 스스로 뜻을 이루는 데 분발하지 않으십니까?"

이이는 포기하지 않고 개혁안을 제시하며 《성학집요》라는 책을 지어 임금에게 올렸다. 그럼에도 선조가 좀처럼 자신의 개혁안을 실천하려 하지 않자, 이이는 벼슬을 그만두고 낙향했다. 때를 기다렸다는 듯이 동인과 서인은 서로 '우리가 군자고, 너희는 소인배'라며 다투기 시작했다. 그렇게 정치 세력이 분열되는 와중에 임진왜란이 일어나 온 나라가 전쟁의 소용돌이에 휘말려 백성들의 삶은 더욱 힘들어졌다.

청렴결백한 개혁가의 마지막

이이가 벼슬에서 물러나 황해도 해주에서 살 때 식량이 떨어진 적이 있다. 식솔이 100여 명이나 되었기 때문이다. 그때 이이는 대장간을 세워 호미를 만들고 그것을 팔아 생활했다. 그 무렵 형편이 어려워 이이는 점심을 먹지 않았다고 한다. 사정을 알게 된 어린 시절 친구이자 황해도 재령 지방 군수 최립이 쌀을 보냈다. 그러나 이이는 이렇게 거절하며 쌀을 받지 않았다.

"관리가 뇌물을 받거나 부정하게 재물을 탐한 죄에 나라 법이 엄하여 주는 자도 동일하게 처벌한다. 최 군수 본인 것이 아니라 나라의 곡식을 보낸 것인데 내 어찌 받겠는가? 그대로 배고픈 채로 견뎌야지."

이이는 마흔아홉 살 되던 해에 병이 들어 자리에 누운 후 다시는 일어나지 못했다. 한평생 청렴했던 그가 세상을 떠난 뒤 남긴 재산이 없어 장례를 치르지 못할 정도였다고 전해진다. 조선 최고의 지식인으로서 성리학 이론을 현실에 적용하여 백성들을 위해 사용하려고 한 율곡 이이. 그는 인간이 가야 할 모범적인 길을 몸소 보여 주었다. 그랬기 때문에 400여 년이 지난 오늘날에도 많은 사람이 그를 존경하고 기억하는 것이 아닐까.

유교? 유학? 성리학?

유교는 중국의 춘추 시대(기원전 770~기원전 403년) 말기에 공자가 체계화한 사상으로, 자신의 수양에 힘쓰고 세상을 이상적으로 다스리는 것을 목표로 한다. 한나라 무제 때 동중서의 건의로 유교가 국가의 지지를 받는 학문이 되면서 만들어진 말이 곧 유학이다. 유교는 중국 한나라 때 국가의 통치 이념으로 채택된 후 중국의 학문과 사상을 대표하게 되었으며, 중국·한국·일본·베트남 등 동아시아 문화권을 형성하는 공통 요소 중 하나가 되었다.

시기에 따라 유교는 훈고학·성리학·양명학·고증학 등으로 발전 또는 변천했는데, 그중 성리학은 12세기에 남송의 주희가 집대성하여 주자학·송학 등으로도 불린다. 한반도에는 고려 말 안향에 의해 전해졌으며, 조선 건국을 주도한 신진 사대부 세력이 수용하여 통치 이념이 되었다.

지방의 사립 학교 서원

　서원은 공자를 비롯한 덕망 높은 유학자들을 제사 지내고 양반 자제를 교육하는, 이를테면 지방의 사립 학교였다. 양반 자제들은 대개 서원에서 공부하며 과거 시험을 준비해 중앙의 관리로 진출했다.

경기도 파주에 있는 자운 서원. 광해군 시기에 율곡 이이의 학문과 덕행을 기리고 추모하기 위해 지어져 지방 교육을 담당했다. 율곡의 위패 좌우에 정치가이자 사상가 김장생과 문신이자 성리학자 박세채가 모셔져 있다(그림 12).

최초로 만들어진 서원은 중종 때 경상도 풍기군 군수 주세붕이 세운 백운동 서원이다. 이 서원은 후에 명종이 '소수 서원'이라는 새 이름을 지어 친히 현판을 써 주면서부터 소수 서원으로 불리게 되었다. 왕은 현판과 함께 책·노비·토지 등도 함께 내려 주었는데, 이렇게 왕으로부터 현판을 받은 서원을 '사액 서원'이라고 부른다.

사림은 지방의 서원을 중심으로 학문을 닦고 제자를 양성하면서 성장했다. 또한 서원을 통해 정치와 사회 문제에 대한 지방 양반의 의견을 모으는 일을 겸했다. 그러나 조선 시대 후기에 들어서면서 국가로부터 각종 특혜를 받으며 서원은 당파를 키우고 백성들을 고통스럽게 하는 근거지가 되어 갔다.

임꺽정은 어쩌다
의적이 되었을까?

　한탄강이 유유히 굽이쳐 흐르는 아름다운 모습을 바라볼 수 있
는 고석정. 이곳에는 조선 시대 3대 도적 홍길동, 임꺽정, 장길산
중 한 명인 임꺽정과 관련된 설화가 두 가지 전해져 내려온다.

　하나는 관군에게 쫓기던 임꺽정이 한탄강 가운데 있는 바위
뒤로 몸을 숨기고 있다 더 이상 피할 수 없게 되면 '꺽지'라는 물
고기로 변신하여 도망갔다는 이야기다. 다른 하나는 고석정의 강
건너편에 언제 만들어졌는지 모르는 석성(돌로 쌓은 성)이 있는데
그것을 임꺽정이 만들어 관군에 대항해 싸웠다는 이야기다.

　임꺽정이 고석정에 자리 잡은 이유는 한양으로 가는 세금 운

임꺽정의 은신처로 알려진 강원도 철원군에 있는 고석정. 한쪽은 현무암 절벽이고 반대편은 화강암 절벽인 이곳은 깊은 협곡과 깎아지른 절벽이 있어 관군을 피해 있기에 알맞았을 것이다(그림 13).

송선을 빼앗기 위해서였다고 한다. 그는 운송선에 실려 있는 곡식과 재물을 백성들에게 나누어 주었다. 그래서인지 고석정을 소개하는 안내 표지판에는 임꺽정이 단순한 도적이 아닌 의적으로 표현되어 있다. 그렇다면 그는 어떻게 그러한 삶을 살게 된 것일까?

모이면 도적, 흩어지면 농민

1556년(명종 11년) 황해도의 한 고을

이방 이제부터 이 지역의 갈대밭을 이용하는 자는 왕실에 이용료를 내야 한다!

백성들 아이고! 나으리, 갈대로 물건을 만들어 봐야 얼마 남지도 않는데 이용료를 내라니요! 너무하십니다요.

이방 잔소리 말고 앞으로는 그렇게 하게! 그리고 내일부터 이 고을의 장정들은 모두 갯벌을 메우는 개간 사업에 나오라는 사또의 명령일세.

백성들 저희 땅 일구어 낼 시간도 없는데 간척 사업에 참여하라니요? 너무하신 처사입니다. 좀 봐주십시오.

이방 내가 알 게 무언가. 정 그렇게 힘들면 개간을 하고 난 뒤 밤에 농사를 지으면 될 것 아닌가?

백성들 …….

조선 중기 명종 대의 정치는 굉장히 혼란스러웠다. 명종은 열두 살 어린 나이로 왕위에 올랐는데, 너무 어린 탓에 나랏일은 어머니 문정 왕후가 대신 돌보았다. 그런데 문정 왕후의 친척인 파평 윤씨 일가는 권력을 장악한 뒤 사리사욕을 채우느라 정신이 없었다. 그 결과 지방을 제대로 통제하지 못했고, 그 틈을 타 탐관오리들이 등장해 백성들을 수탈했다.

1556년 황해도 지역에는 문정 왕후의 친척들이 지방관으로 부임했는데, 위와 같은 일들이 비일비재했다. 엎친 데 덮친 격으로

1559년(명종 14년) 황해도 지역에 전염병까지 돌아 들판은 시체로 가득했다. 가난에 쪼들리고 전염병으로 고통받는 백성들이 선택할 수 있는 길은 그다지 없었다.

도적이 되기 전 임꺽정에 관한 기록이 거의 없어 왜 도적이 되었는지 정확한 까닭은 알 수가 없다. 다만 '모이면 도적이 되고 흩어지면 농민이 되는' 불안정한 시대에 천민 신분에 해당하는 백정 출신으로서 평범하게 살기란 낙타가 바늘구멍에 들어가는 것만큼 힘든 일이었을 것이다. 오죽하면《조선왕조실록》의《명종실록》에 "재상들의 횡포와 수령들의 포학이 백성들의 살과 뼈를 깎고 기름과 피를 말려 손발을 둘 곳도 없고 호소할 곳도 없으며, 기한(추위와 배고픔)이 절박하여 하루도 살기가 어려워 잠시나마 연명하려고 도적이 되었다면, 도적이 된 원인은 정치를 잘못하였기 때문이요……"라는 기록이 남게 되었을까.

명종, 임꺽정과의 전쟁을 선포하다

1559년 한겨울의 산속

장교 저 도적놈들을 쫓아라! 아니, 이 녀석들이 어디로 사라진 것이냐?

병졸 나으리! 눈 위에 찍힌 발자국 여럿이 동쪽을 향하고 있습니다.

장교 옳거니! 그렇다면 동쪽을 향해 진군한다!

임꺽정 하하하! 미투리를 거꾸로 신었을 뿐인데 바보 같은 관군이 그것도 모르고 뒤를 보이고 도망갔구나.

(잠시 후)

병졸 으악!

장교 무슨 일이냐?

병졸 서쪽 후방에서 도적 떼가 기습을 해 왔습니다.

장교 아니 이게 어떻게 된 일이란 말이냐? 동쪽으로 사라진 도적 떼가 어찌 서쪽에서 나타난 것이지? 임꺽정이 도술을 부린 것인가?

조선 정부에서는 임꺽정 무리를 체포하기 위해 갖가지 방법을 동원했다. 그때마다 임꺽정은 신출귀몰한 전술을 구사해 위기를 벗어나고 관군에게 큰 타격을 주며 물리쳤다. 임꺽정은 황해도 지역에서 평안도·강원도·경기 지역까지 세력을 확대하고, 심지어는 현재의 종로 2가 부근까지 진출해 관군을 공격하는 대담함을 보여 주었다. 그들이 이용한 전략은 일반 백성인 것처럼 거리를 돌아다니다 갑자기 무기를 꺼내 들고 관청이나 양반 집을 습격하는 것이었다. 조선의 지배층은 속수무책으로 당했다.

이에 명종은 임꺽정과의 전쟁을 선포하고 임꺽정을 잡아 오는 수령을 당상관으로 승진시키겠다는 포고문을 황해도 일대에 내렸다. 그러자 포상에 눈이 먼 개성의 수령 이억근이 임꺽정 소굴을 습격했지만, 오히려 역습을 당해 화살 세례를 맞아 죽고 말았다. 이듬해에는 국왕을 호위하는 정예 부대를 황해도로 보내 임꺽정 일당 토벌에 나섰으나, 임꺽정 부대의 매복에 당해 토벌군 장교와 관군은 패퇴했다. 이후에도 임꺽정 무리를 토벌하기 위한 관군의 공격이 이어졌으나 모두 실패했다.

의적으로 기억되는 임꺽정

명종 16년인 1561년 조선 조정은 임꺽정을 사로잡기 위해 황해도 주요 고을에서 병력 수천을 동원했다. 그리고 포악하고 잔인하기로 소문난 무관 남치근이라는 사람을 토벌군 대장으로 임명했다. 얼마나 잔인무도했으면 그가 지나가면 수백 리가 초토화되고, 사람은 말할 것도 없고 닭과 개까지 남아나지 않았다고 《명종실록》에 기록되어 있을 정도다.

임꺽정은 그리 만만한 인물이 아니었다. 그는 변장술에도 뛰어나 체포되는 순간까지 아무도 임꺽정을 알아보지 못했다고 한다. 그런데 1562년 1월 남치근은 임꺽정을 사로잡았다는 보고를 조정에 올린다. 어떻게 된 일일까?

1561년 10월 남치근은 임꺽정의 참모 서림을 붙잡는다. 서림은 남치근을 따라다니며 임꺽정 세력의 근거지를 안내하는 길잡이 역할을 했다. 관군이 임꺽정 소굴을 포위하고 서서히 고삐를 조여 오자, 임꺽정은 변장하고 도망가려 했으나 그 모습을 알아본 서림이 "임꺽정이다"라고 외쳤다. 임꺽정이 잡혔다는 소식을 들은 명종은 "나라에 반역한 큰 도적 임꺽정이 체포되어 심히 기쁘고 즐겁다"라며 남치근의 직급을 올려 주고, 공적이 있는 사람들에게 지금의 승용차와도 같은 말을 한 필씩 선물로 주었다.

《명종실록》에서는 임꺽정 일당을 약탈과 살인, 방화를 서슴지 않는 잔혹한 무리로 묘사하고 있다. 그러나 민간에서는 임꺽정의 활약이 영웅적 모습으로 그려져 전설처럼 전해졌다. 임꺽정 일당이 관청이나 양반 집을 습격하여 백성들로부터 부당하게 거두어들인 재물을 가져가 다시 나누어 주었기 때문이다. 그래서 백성들은 임꺽정을 의적이라 여겨 관군이 출동하면 비밀리에 임꺽정에게 알려 위기를 모면하게 도왔다.

임꺽정의 영웅담이 백성들에게 구전되던 중 일제 강점기의 소설가 벽초 홍명희가 소설 속에서 임꺽정을 민중의 영웅으로 부활시켰다. 그 뒤 만화·소설·드라마·영화 등에 등장한 임꺽정은 고통받는 백성을 위해 활약하는 의적으로 표현되었고, 그렇게 우리에게 의로운 도적으로 기억되고 있다.

강력한 권력을 휘두른 절대 왕정의 등장

동아시아에는 오래전부터 중앙 집권적 국가가 등장하여 왕이 강력한 권력을 행사했으나, 유럽은 지방 분권의 특징을 지닌 봉건 제도가 유지되어 왕의 힘이 강하지 못했다. 그러던 유럽에서 16세기에 이르러 절대 왕정 시대의 막이 올라 막강한 권력을 행사하는 왕들이 등장하기 시작한다. 그리고 이것은 18세기 무렵까지 이어진다.

가장 먼저 절대 왕정을 이룬 나라는 에스파냐다. 에스파냐의 펠리페 2세는 아메리카 식민지에서 들여온 금은으로 해군력을 키워 이슬람 세력을 몰아냈다. 그래서 이 무렵 에스파냐 해군은 '무적함대'로 불렸다. 이 에스파냐의 명성은 앞에서 살펴본 헨리 8세와 앤 불린 사이에서 태어난 딸 엘리자베스 1세에 묻힌다.

1558년 우여곡절 끝에 영국의 왕으로 즉위한 엘리자베스 1세는 영국 국교회를 중심으로 신교와 구교의 종교 갈등을 수습했다. 그러고는 상공업자들을 보호하고 해외로 진출하도록 적극 지원했으며, 그 대가로 세금을 받아 국가 재정을 튼튼하게 했다.

　영국의 세력이 커지자 해상권을 장악하고 있던 에스파냐의 견제가 시작되었다. 이에 엘리자베스 1세는 에스파냐의 내부 반란을 지원하고, 해적을 고용해 무적함대를 무너뜨린 뒤 해상권을 장악하고 적극적으로 해외로 진출했다. 그 결과 아시아와의 무역을 독점하다시피 하여 세계 최강국으로 떠오르게 되었다.

　"나는 영국과 결혼했다"라는 말을 하며 평생 독신으로 지낸 엘리자베스 1세는 영국의 지위를 넘보는 유럽의 여러 나라를 꼼짝 못 하게 만들었다.

제3장

조선,
외적의 침입을 물리치다

조선의 200년 평화는
왜 깨졌을까?
-임진왜란

전쟁 초기에 부산성과 동래성이 힘없이 무너지고 나서 평양성을 빼앗길 때까지 변변한 반격 한 번 제대로 못 한 전쟁. 전쟁 발생 약 20일 만에 수도 한양이 무너지고, 경상도에서 함경도에 이르는 영토 대부분을 일본에 빼앗긴 전쟁. 온 국토가 전쟁터가 되고 모든 백성이 일본군을 피해 도망 다닌 전쟁 임진왜란. 조선을 침략해 자신들의 속국으로 만들려 한 일본, 임진왜란으로 온 국토가 쑥대밭이 된 조선.

7년에 걸친 이 전쟁에서 승리를 거둔 것은 조선일까, 아니면 일본일까?

헛된 꿈을 꾼 도요토미 히데요시

임진왜란이 일어나기 얼마 전 도요토미 히데요시는 전국 시대 (1467~1590년 사이의 분열 시대)를 끝내고 일본 통일에 성공했다. 하지만 통일이 모든 문제를 해결한 것은 아니다. 힘에 밀려서 어쩔 수 없이 항복했지만, 도요토미 히데요시에게 불만을 갖고 있는 지방의 세력이 여전히 많이 남아 있었다. 설상가상으로 명나라와 조선이 왜구의 난동으로 일본과의 교역을 줄이자 상인들은 큰 타격을 받았고, 이들과 연결되어 있는 지방 세력들의 불만은 커져만 갔다.

이런 모든 문제를 한 번에 해결해 줄 묘수를 찾던 도요토미 히데요시는 결국 조선 침략을 계획했다. 조선을 공격해 영토를 확보하여 지방 세력의 불만을 잠재우고 조선에서 약탈한 물자를 바탕으로 전쟁을 준비해 내친걸음에 명나라까지 정복하겠다는 허황한 계획이었다. 도요토미 히데요시는 충분히 승산이 있다고 보았다.

100년 가까이 이어진 전쟁을 통해 일본은 다른 어느 시기보다도 잘 훈련된 강한 군대를 갖고 있었다. 더구나 포르투갈 상인들이 전한 조총은 도요토미 히데요시의 자신감을 더욱 높여 주었다. 100여 년간의 혼란한 시기에 일본은 조총 부대를 만들어 그들을 전투에 효과적으로 이용하는 방법을 개발했다. 막강한 군대와 신식 무기, 그리고 일본인 최초로 조선과 명나라를 정복한 위대한 영웅으로 역사에 기억되고 싶은 도요토미 히데요시의 꿈은 임진왜란이 발생하게 된 가장 큰 원인이다.

통신사의 엇갈린 보고

"왜는 군사가 잘 갖추어져 있고 전국을 통일한 도요토미 히데요시의 관상이 예사롭지 않아 일본은 반드시 쳐들어올 것이옵니다. 일본의 침략에 대비해야 합니다!"

통신사(사신단. 일본의 막부에 보낸 외교 사절)를 이끌었던 책임자 황윤길은 일본의 사정을 묻는 선조에게 이처럼 보고했다. 사람들은 여기저기에서 술렁였다.

"일본은 침략하지 않을 것입니다. 도요토미 히데요시는 마치 쥐와 같은 얼굴을 하고 있어 두려워할 만한 인물이 못 되옵니다. 소신은 일본이 우리를 침략할 듯한 상황을 보지 못했나이다. 괜히 일본이 침략할 것이라 주장하여 민심이 크게 동요될까 걱정되옵니다."

황윤길과 함께 일본에 통신사로 파견되었던 부책임자 김성일은 황윤길과 완전히 반대되는 주장을 했다. 통신사를 통해 일본의 사정을 알아보고 이에 대응하려 한 조선 정부는 일본의 침략 가능성을 놓고 또다시 분열하는 상황이 되고 말았다.

이 당시 조선의 양반들은 크게 동인과 서인 두 세력으로 나뉘어 있었다. 이른바 붕당 정치가 시작된 것이다. 그들은 사사건건 서로 반대되는 의견을 내놓으며 맞섰다. 일본에 파견한 통신사역시 서인을 대표하는 황윤길을 정사로, 동인을 대표하는 김성일을 부사로 삼았다. 황윤길과 김성일은 일본으로 향할 때도, 그리고 일본에 머물 때도 맞섰다. 결국 그들은 왕에게 보고할 때마저 서로 다른 의견을 내놓고 말았다.

어떻게든 전쟁을 피하고 싶은 선조는 김성일의 의견을 받아들였다. 일본의 침략에 대비할 수 있는 마지막 기회를 스스로 포기한 셈이다. 무너진 군사 제도를 손보기는커녕 일본 사신이 전해준 조총의 위력에 놀라면서도 조총에 대한 아무런 대비를 하지 않은 채 소중한 시간을 낭비했다.

"소신의 생각에도 일본이 끝내 쳐들어오지 않을 것이라 장담할 수는 없사옵니다. 하지만 황윤길이 마치 일본군이 우리 통신사를 뒤쫓아 바로 쳐들어올 것처럼 주장하여 민심이 동요될까염려되어 그렇게 말했습니다."

똑같은 일본을 보고 어찌 이리 다른 말을 하냐는 유성룡의 질문에 김성일이 한 대답이다. 이 말을 들은 유성룡은 이순신 장군을 전라좌수사(전라좌도를 책임지는 해군 장군)로 추천하고 이일 장군을 경상우 병사(경상우도를 책임지는 육군 장군)에 임명하는 한편 권율 장군을 발탁하는 등 일본의 침략에 대비하여 전열을 정비하는 데 진력했다. 그리고 그 노력의 결과는 후에 임진왜란의 승패를 결정짓는 중요한 발판이 되었다.

믿음을 전하는 사절단 통신사

조선은 개국 후 여러 차례에 걸쳐 일본에 사절단을 파견했는데, 사절단을 부르는 명칭은 회례사·경차관 등 다양했으며 통신사는 그중 하나다. 통신사의 한자 뜻풀이를 보자면 '서로 간의 믿음을 통하게 하기 위한 사절'이라는 의미다. 임진왜란이 일어나기 전에 파견된 사신단은 통신사라는 이름을 사용했다.

임진왜란이 일어나기 전에는 세종 때 네 차례, 선조 때 한 차례, 임진왜란 중에는 평화 교섭을 위해 한 차례에 통신사를 보냈다. 하지만 전쟁이 끝난 후에는 1811년(순조 11년)에 있은 마지막 파견 때까지 열두 차례나 통신사를 보냈다.

임진왜란 직전 황윤길과 김성일이 중심이 되어 일본에 건너간 통신사도 그러했지만, 조선은 주로 일본의 상황을 파악하는 것이 목적이었다. 반면에 일본은 새로운 지도자인 쇼군이 취임할 때마다 통신사 파견을 요청하여 대내외적으로 쇼군의 권위를 인정받기 위한 수단으로 조선의 통신사를 이용했다.

이처럼 조선과 일본이 서로 다른 목적으로 주고받은 통신사라는 사절단은 말 그대로 두 나라가 서로 믿음을 갖는 데 기여한 것일까?

조선이 허무하게 무너지다 – 충주 탄금대 전투

선조 25년(1592년) 4월 14일 고니시가 이끄는 1만 8천의 병력이 부산에 상륙하면서 7년간의 긴 전쟁은 시작되었다. 부산진 첨사(군인 계급의 하나) 정발과 동래 부사(동래부의 총책임자) 송상현은 목숨을 던져 가며 일본군에 저항했지만, 조총이라는 신무기로 무장하고 쳐들어온 일본군을 막아 내기에는 역부족이었다. 이들을 시작으로 일본은 조선에 약 20만에 이르는 대군을 보내 본격적인 침략에 나섰다.

반면 이에 맞서는 조선은 국방 체제가 무너져 있었다. 조선은 건국 후 약 200년 동안 이렇다 할 전쟁 없이 평화를 누려 왔다. 양반을 중심으로 국방의 의무를 기피하는 사람들이 늘어나는 등의 문제가 발생했다. 방어 체제에도 문제가 있었다. 조선 건국 이후 유지되어 온 진관 체제는 전국에 군사적 요충지를 마련하고 군대를 주둔하도록 하는 제도다. 이는 소규모 병력의 침략에 맞서기에는 유리한 방어 체제지만, 전쟁의 규모가 커지면 병력이 여러 곳에 분산되어 있어 제대로 대응하기가 어려웠다.

조선 정부는 이를 해결하기 위해 '제승방략'이라는 방어 체세를 세우고 있었다. 이것은 전략적으로 중요한 곳을 중심으로 주변의 군대를 모아 한양에서 파견된 군대와 함께 외적에 대항하는 체제다. 일본이 침략했을 때는 마침 진관 체제가 제승방략 체제로 바뀌는 시기여서 두 체제 모두 적절하게 작동되지 못했다. 전략적으로 중요한 곳에 군인들이 제때 모이지 못했고, 한양에서 전쟁터로 떠나는 장수를 따라나서는 군인들의 숫자는 턱없이 적었다.

이일 장군이 상주에서 일본군에 맞섰으나 크게 패했다. 당시 조선 최고의 명장이라 일컬어지던 신립 장군은 충주의 탄금대에서 죽기를 각오하고 배수의 진으로 일본군에 맞섰다. 조총을 쏘아 대며 진격하는 일본군에 조선군은 말을 타고 달리며 화살을 쏘는 것으로 대응했다. 일본의 조총에 대한 마땅한 대책 없이 전통적 방식으로 전쟁에 임한 것이다. 목숨을 걸고 용감히 싸웠지

진관 체제(왼쪽)와 제승방략 체제

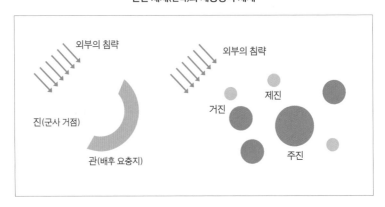

만 전쟁의 승패를 뒤집을 수는 없었다. 결국 신립 장군은 몸을 강에 던져 자결했고 이윽고 한양을 지키기 위한 최후의 방어선은 무너지고 말았다.

경복궁이 불에 탄 이유

충주 방어선이 무너지자 선조는 한양을 떠나 피란길에 올랐다. 이럴 때를 대비하여 수많은 백성을 동원해 한양 도성을 건설하고 여러 차례 정비했음에도 침입해 들어오는 일본군과 싸우기보다는 피란을 택했다. 일부 신하에게 한양 방어의 책임을 맡기고 선조는 백성들 모르게 새벽어둠을 틈타 수행원 100여 명을 데리고 개성을 향해 떠났다.

임금이 한양을 버리고 몰래 빠져나갔다는 소식이 전해지자 백성들은 혼란에 빠졌다. 그리고 경복궁 쪽에서 큰 불길이 타올랐다. 노비와 폭도 들이 경복궁에 불을 질렀다고 하는 이들이 있는가 하면, 왜군이 도착할 때까지 경복궁은 멀쩡했다고 하는 이들도 있다. 서로 다른 기록으로 경복궁이 불에 탄 이유를 확인할 길은 없지만, 확실한 것은 선조가 한양을 떠난 후 경복궁이 불에 타고 뒤이어 창덕궁과 창경궁 등 도성 안 모든 궁궐이 불에 탔다는 사실이다. 자신들을 버리고 떠난 왕에 대한 원망이 왕이 살던 궁궐에 불을 지르는 행동으로 나타나지는 않았을까?

선조가 떠난 지 이틀 후 한양은 일본의 수중에 떨어졌다. 개성은 한양에서 매우 가까운 거리였다. 안심할 수 없는 선조는 평양으로 발걸음을 옮겼고, 개성이 함락되었다는 소식을 듣고는 다시 의주에 이르렀다. 압록강만 건너면 중국 땅인 조선의 끝까지 내몰렸고 여차하면 중국으로 넘어갈, 그야말로 백척간두의 순간이었다.

명과 함께 반격을 시작하다

전쟁이 시작된 이래 일본에 계속 밀리던 전쟁의 상황은 조금씩 바뀌어 가고 있었다. 선조는 왜군을 피해 평양과 의주로 가는 길에 명에게 구원군을 요청했고, 명나라가 조선을 돕기 위해 군대를 파견했다. 명나라로서는 조선이 멸망해 중국 땅에서 일본군과 전쟁을 치르는 일은 피하고 싶었다. 명은 당연히 서둘러 조선에 구원군을 보냈다. 명나라 군사는 일본의 막강한 기세에 한때 무너지기도 했지만, 오랜 기간 일본 왜구의 침입에 대응하여 일본군과의 싸움에 익숙해진 중국 남부의 군인들이 전선에 도착하면서 전쟁의 분위기는 어딘지 모르게 달라지고 있었다.

명나라의 참전과 더불어 일본군에게는 또 다른 어려움이 닥쳤다. 이번에는 조선의 바다에서 상황이 변화하고 있었던 것이다. 일본군은 부산에 상륙한 뒤 육지에서는 연전연승을 거두며 자신들의 예상보다 훨씬 빨리 평양성을 점령했다. 그러나 바다에서는 사정이 달랐다. 일본은 육군이 육지에서 영토를 확보하며 전진하면, 바다를 통해 수군이 전쟁 물자를 공급하도록 계획을 세웠다. 그런데 계획에 없던 이순신의 등장으로 일본 수군은 남해안에 묶여 전쟁 물자를 제때에 나를 수 없었다.

이가 없으면 잇몸이라 했던가? 일본은 수군이 막히자 할 수 없이 부산으로부터 평양에 이르는 뱀처럼 길게 늘어진 보급로를 따라 전쟁 물자를 날라야 했다. 효율적이지는 못하지만 선택의 여지가 없었다. 그리고 이 시도 역시 난관에 부딪혔다. 눈곱만큼도 생각하지 못한 의병이 등장한 것이다. 짐을 나르느라 여념 없는 일본군을 여기저기에서 수시로 공격해 보급선을 끊어 버리는 의병의 활약으로 가뜩이나 부족한 전쟁 물자는 더욱 부족했다.

일본군 장수는 "이 나라 사람들은 일본군을 모두 왜구로 생각하여(한낱 해적 무리로 본다는 뜻) 만나기만 하면 활로 사람을 상하게 한다. 지금의 인원으로는 이 나라를 점령하기 어렵다"라는 편지를 본국에 보낼 정도로 의병 활동은 적지 않은 타격을 입혔다. 의병들은 수십 년 동안 살아온 곳의 지리에 익숙하여 공격과 방어에 유리한, 치고 빠지는 게릴라 전술을 펼치며 작은 병력으로 큰 성과를 거두었다.

평양성에 도착한 뒤 각종 선생 물사의 부족으로 발이 묶여 한

발짝도 앞으로 나가지 못한 일본군은 명나라와 조선 연합군의 공격을 막아 내기가 벅찼다. 마침내 평양성이 다시 조선의 수중으로 넘어오면서 일본의 퇴각이 시작되었다. 조선 수군과 의병의 활약으로 조선과 명나라 연합군은 반격 기회를 잡았고 드디어 전쟁 상황은 역전되었다.

수세에 몰린 일본, 전쟁을 끝내려는 명

계속되는 조선 수군과 의병의 활약으로 일본군은 보급이 개선될 기미가 보이지 않는 데다 연이은 패배로 이미 병력에 막대한 손실을 입었다. 일본은 전세를 뒤집기 어려운 처지에 몰렸다. 그리고 전쟁 초반 밀리기만 한 조선은 이윽고 승기를 잡은 김에 내쳐 일본을 밀어 내고 전쟁을 완전한 승리로 끝맺고 싶었다. 이를 위해서는 명나라의 도움이 반드시 필요했다.

그러나 명나라의 입장에서 임진왜란은 반드시 조선 땅에서 마무리되어야 할 뿐 아니라 이미 엄청난 전쟁 비용을 치르고 있어 빨리 끝내야 할 전쟁이었다. 희생이 따르더라도 일본을 깨끗이 몰아내고 완전한 승리로 끝내고 싶은 조선, 적당한 명분으로 타협하여 끝내는 것이 중요한 명나라, 이렇게 두 나라의 입장은 달랐다. 그리고 결과는 조선의 바람과는 달리 명나라와 일본의 협상으로 이어졌다.

삼인 삼색. 전쟁에 임하는 세 나라 모두 다른 목적과 다른 계획을 갖고 있었다. 전쟁의 주도권은 명나라가 틀어쥐고 있었다. 조선의 희망에는 아랑곳없이 명나라와 일본 두 나라는 협상을 이어 갔다. 하지만 한반도 땅 일부를 넘기고 명나라의 공주와 조선의 왕자를 일본에 보내라는 일본의 요구는 아무리 전쟁을 빨리 끝내고 싶은 명나라라 하더라도 받아들이기 곤란한 것이었다.

회담은 결렬되고 1597년 1월 일본은 14만 대군을 정비하고 대대적인 침략을 다시 감행했다. '정유년에 다시 일어난 전쟁'이라는 의미로 '정유재란'이라고 부른다. 정유재란은 일본의 뜻대로 전개되지 않았다. 결국 전쟁을 일으킨 도요토미 히데요시가 사망하면서 일본군은 조선에서 물러났고, 이로써 1598년(선조 31년) 7년에 걸친 전쟁은 막을 내렸다.

전쟁이 동아시아 삼국에 남긴 것

조선을 점령하고 중국을 침략하려 한 일본은 전쟁의 목적을 이루지 못했다. 목표를 달성하지 못했으니 일본은 이 전쟁의 승자라 할 수 없다. 전쟁으로 몰락한 도요토미 히데요시의 뒤를 이어 도쿠가와 이에야스가 일본을 통일하고 에도 막부를 열었다. 전쟁 중에 끌려간 조선 사람들에 의해 도자기 생산이 이루어지면서 이때부터 일본의 노사기 산업이 싹트기 시작했다.

비록 명나라의 도움을 받기는 했지만 침략한 외적을 물리침으로써 조선은 일본을 좌절시켰다. 하지만 임진왜란과 정유재란이 조선 땅에서 일어났으니 전쟁 최대의 피해국은 조선이다. 전쟁 후 조선에서는 전쟁의 상처를 극복하고자 노력하는 과정에서 커다란 사회 변화를 겪는다.

조선을 도운 명나라는 그렇지 않아도 국력이 기울어 가는 중이었다. 전쟁이 중국으로 번지는 것을 방지하기 위해 서둘러 구원군을 조선에 파견했지만, 명나라에 엄청난 경제적 부담을 안겨 주었다. 이 틈을 이용해 여진족이 세력을 확장하며 새로운 나라를 세우고 있었다. 이는 결국 후금을 거쳐 청나라로 이어지면서 명나라의 몰락을 재촉하기에 이른다.

세 나라 모두에게 이 전쟁은 가혹한 결과를 가져왔다. 이 전쟁의 승자는 누구일까? 승자가 있기는 한 것일까?

적에겐 경악을,
아군에겐 경의를,
백성에겐 희망을
안긴 장군은?

"죽고자 하면 살 것이고 살고자 하면 죽을 것이다."

"싸움이 한창 급하다. 내가 죽었다는 말을 하지 말라."

어린아이라도 단번에 이순신을 떠올리게 하는 말들이다. 이순신은 스물여덟 살 나던 1572년(선조 5년) 무과에 응시했으나 말에서 떨어져 왼쪽 다리가 부러진다. 포기하지 않고 시험을 치르지만 결과는 낙방. 4년 뒤 서른두 살에 29명 중 12등으로 무과에 합격하여 처음 관직에 나섰다. 우수한 성적으로 합격하지는 못했지만 끊임없는 자기 수련으로 영웅이 된 충무공의 삶을 확인할 수 있는 대목이다.

1591년 마흔일곱 나이로 전라좌도 수군절도사(현재의 함대 사령관)에 발탁되었고, 거북선을 개발 및 건조하는 등 군대를 강화했다. 그 덕분에 임진왜란이 일어나기 직전 이순신이 있는 전라좌수영은 판옥선 20여 척을 보유할 수 있었다.

이제 임진왜란의 3대 해전을 통해 그의 좌절과 성공 그리고 생의 마지막 모습까지 하나하나 살펴보자.

학이 날개를 펼치니 승리는 우리 것이라 – 한산 대첩

왜선 70여 척이 견내량에 머무르고 있는 동향을 탐지한 이순신은 즉각 이억기와 함께 본영이 있는 여수 앞바다에 전라좌우도의 전선 48척을 집결시켜 합동 훈련을 준비한다. 이순신은 견내량 주변이 좁고 암초가 많아 판옥선의 활동이 자유롭지 못한 것을 확인하고, 한산도 앞바다로 유인해 격멸할 계획을 세웠다. 한산도는 어디로든 헤엄쳐 나갈 길이 없는 데다 무인도나 마찬가지인 곳이어서 궁지에 몰려 섬에 올라간다 해도 굶어 죽기에 알맞은 곳이었다.

판옥선 5~6척이 먼저 공격하여 일본 수군이 반격해 오면 한산도로 물러나면서 유인했다. 일본 수군은 그때까지 패배한 것에 보복하려는 듯 의기양양하게 공격해 왔다. 조선 수군의 작전은 성공했다. 5~6척으로 구성된 소규모 함대를 발견한 일본 수군은

이들을 조선 수군의 함대 전부라고 착각하여 전 함대로 하여금 그들을 추격하게 했다.

일본 함대가 한산도 앞바다에 이르자 대기하고 있는 함대와 함께 전 조선 함대가 뱃길을 돌려 학익진을 펼쳤다. 학익진은 학이 날개를 편 것과 같은 형상이라 하여 붙여진 이름이다. 육지의 전투에서 이용하던 전형적인 포위·섬멸전의 형태로, 전 병력이 사방에서 포위하여 일제히 공격을 가하는 것이다.

싸움의 결과 조선 수군은 일본 함대 47척을 격파하고 12척을 나포했으며, 일본의 인명 피해는 4천 명에 달했다. 반면 조선 수군 사상자는 10여 명에 그치고 전선의 손실은 전혀 없었다.

진주성 대첩, 행주 대첩과 더불어 임진왜란 3대첩의 하나로 꼽히는 한산 대첩의 승리로 조선 수군은 남해안 일대의 제해권을 확보한다. 이 전투의 패배로 도요토미 히데요시는 함부로 조선 수군을 공격하지 말고 주로 육상에서 전투하라는 지시를 내렸다. 또한 일본군의 수륙 병진 작전 실패로 평양에 주둔하고 있던 고니시 유키나가가 이끄는 1만 8,700명은 고립되어 더 이상 북쪽으로 진격하지 못하고 발이 꽁꽁 묶였다. 한산 대첩에서 승리한 덕분에 조선의 전라도와 충청도, 황해도, 평안도뿐 아니라 멀리 요동까지 안전을 보장받을 수 있게 되었다.

열두 척 배로 적을 막다 – 명량 대첩

원균과 윤두수를 비롯한 일부 서인 세력의 모함을 받고 이순신은 삼도 수군통제사(현재의 해군 작전 사령관 또는 해군 참모 총장)에서 파직당한다. 원균은 새로운 3도 수군통제사가 되어 일본 수군과 접전을 벌였으나 칠천량 해전에서 대패하고 만다. 이에 선조는 다른 선택의 여지가 없자 이순신을 복권시켜 다시 3도 수군통제사로 기용했다. 하지만 칠천량 해전 패전의 손실이 너무 커

선조는 수군을 폐지하려고까지 했다. 그러자 이순신은 선조에게 다음과 같은 장계를 올려 수군 폐지 불가론을 펼친다.

"신에게는 아직 전선 열두 척이 남아 있나이다. 죽을힘을 다하여 막아 싸운다면 능히 대적할 수 있사옵니다. 비록 전선의 수는 적지만 신이 죽지 않는 한 적은 감히 우리를 업신여기지 못할 것입니다."

이순신은 압도적인 전력의 열세를 지형과 조류 변화를 이용하는 전술로 극복하고자 했다. 울돌목(명량 해협)은 좁고 수심이 얕아서 배가 항해할 수 있는 곳이 얼마 안 되고, 밀물 때 남해 바닷물이 한꺼번에 밀려왔다 빠져나가면서 물살이 빨라지는 곳이다. 울돌목의 또 다른 특징은 크고 작은 암초 수십 개가 솟아 있다는 점이다. 빠르게 흐르는 물살이 암초에 부딪혀 방향을 잡지 못하고 소용돌이치게 되는 것이다.

이런 사정을 알지 못하는 일본 수군은 전력의 우위를 앞세워 울돌목으로 접근했다. 그러나 일본 수군은 물살의 변화와 조선 수군의 함포 공격으로 전혀 반격할 수 없었으며, 또한 군선이 많은 것이 오히려 독이 되어 서로 부딪히기 시작했다. 결국 130여 척의 대함대를 10여 척으로 추격하는 형세가 되었고 일본 수군은 퇴각했다.

일본 수군의 전선 130여 척 중 30여 척이 격침되고 전사자가 최소 1,800여 명에 이른 것으로 추측된다. 한편 조선군 전선은 단 한 척도 격침되지 않았을뿐더러 조선군 전사자는 많아야 100명 남짓이었다고 한다. 이 전투는 조선이 정유재란을 승리로 이끄는 결정적 계기가 되었다.

죽음이 두렵다고 말하지 말라 – 노량 대첩

명량 대첩 이후 해상 보급로를 완전히 차단당한 왜군은 고전을 면치 못했다. 계속되는 패전으로 병사들의 사기가 저하되어 가니 마침내 왜군은 서둘러 전쟁을 끝내고 자국으로 철군하기로 결정했다.

이순신은 왜군의 퇴로를 차단하고자 노량으로 향했다. 1598년(선조 31년) 11월 19일 일본 함선 500여 척이 노량에 진입하자 매복해 있던 조선 함선들이 일제히 공격을 개시했다. 이순신 함대가 적선 50여 척을 격파하고 200여 명을 죽이니 적은 이순신을 포위하려 했고, 이후 네 시간여 동안 치열한 전투가 벌어졌다. 패색이 짙어진 일본 수군은 남은 150여 척을 이끌고 퇴각하기 시작했으며, 조선과 명나라의 연합 함대는 추격을 멈추지 않았다. 도주하는 일본 함대를 추격하던 이순신은 관음포에서 일본군의 총탄을 맞고 쓰러지면서, "싸움이 한창 급하다. 내가 죽었다는 말을 하지 말라"라는 유언을 남기고 숨을 거두었다. 노량 대첩을 끝으로 정유재란이 막을 내리면서 7년이라는 긴 세월에 걸친 임진왜란이 완전히 끝났다.

항간에는 몇몇 정황 증거와 분명치 않는 기록을 근거로 이순신 자살설 또는 은둔설이 떠돈다. 마지막 싸움에서 죽겠다는 이순신 장군의 말은 목숨을 바쳐 싸우겠다는 의미다. 이순신 장군을 자살이나 은둔으로 몰아가는 행위는 그분을 욕되게 한다는 점을 잊어서는 안 된다.

조선의 판옥선 대 일본의 안택선

조선 시대 초기의 전투선은 맹선(일종의 군선)으로 1층으로 되어 있었다. 따라서 주로 배에 기어올라 싸움을 벌이는 백병전을 펼치는 일본군에게 속수무책으로 당할 수밖에 없었다. 그런 맹선과 달리 판옥선은 일본군이 뛰어오를 수 없도록 2층 구조로 되어 있으며 1층에는 병사들이, 갑판 아래에는 노잡이들이, 그 밑에는 병참이 있다. 포의 위치도 높아 포격전에 유리했다.

조선 시대 수군의 주력함인 판옥선은 널빤지로 지붕을 덮은 전투선이다. 1593년 약 200여 척에 육박한 판옥선은 선체 길이가 20~30미터에 달해 임진왜란 해전에 참전한 한·중·일 삼국의 군함 중 가장 큰 편이라고 역사서에 기록되어 있다. 판옥선의 구조 때문에 왜적들은 상대방 군함으로 건너가 칼과 창으로 싸우

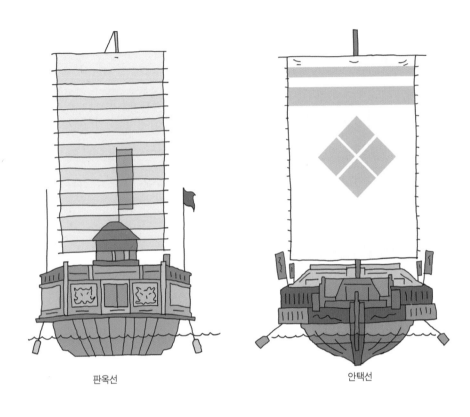

판옥선   안택선

는 승선 전투를 벌일 수 없었다. 참고로 거북선은 판옥선의 판옥
을 없애고 그 위에 철판을 덮은 것이다.

  판옥선은 배 바닥이 평평한 평저선이어서 선회(제자리 회전)가
빠르므로 여러 척이 엉킨 혼전에서 더욱 유용했다. 쉽게 방향을
바꿀 수 있는 능력과 강력한 화포를 이용한 소나기 같은 포격으
로 사방의 적을 공격하니 왜적은 수적 우위를 제대로 써먹지 못

했다.

한편 왜구의 배는 바닥이 뾰족한 안택선이어서 해협을 건너기에는 유리하나 조수 차나 파도에 민감할 수밖에 없었다. 명량 해협 같은 좁은 곳에서 즉각 선회하지 못한 이유다. 게다가 대포는 1~2문만 탑재하고 주로 조총으로 전투를 수행했다. 배가 포의 반동을 버티지 못해 대포를 실을 수 없기 때문이다. 또한 임진왜란 때 왜적이 해전에 주로 쓴 군함은 삼나무나 전나무로 만들어졌는데, 그 목재들은 물러서 제작하기는 용이하나 두께가 얇고 강도도 그만큼 떨어졌다.

하지만 판옥선에는 주로 두껍고 단단한 소나무 재료가 동원되었다. 더 높은 강도가 요구되는 배 앞부분은 상수리나무나 졸참나무 같은 참나뭇과 나무를 이용했다. 전문가들은 판옥선 두께는 최대 18센티미터 이상 되었을 것으로 추측한다. 단단하고 넓적한 판옥선은 특히 함포전과 적의 배에 세게 부딪쳐 쳐부수는 충파에 강했다.

지금부터는 체험 학습으로 의병 활동의 무대를 다녀온 후 쓴 가상의 일기를 통해 좀 더 생생하게 임진왜란의 진정한 영웅들을 만나 보려 한다. 역사의 현장 속으로 들어가 보자.

7월 3일 의병의 흔적을 찾아서

오늘 학교 역사 시간에 임진왜란 이야기를 들었다. 일본이 쳐들어온 뒤 조선의 관군은 일본군에게 계속 졌다고 한다. 당시 임금 선조는 일본군을 피해 압록강 근처 의주까지 도망갔고, 조선의 백성들은 두려움에 떨었다. 이때 전국 각지에서 일본군에 맞서 저항하는 의병이 등장했다고 한다.

선생님은 의병 대다수가 지방의 농민들이고, 그들을 이끈 의병 장은 지역 사회에서 이름 높은 양반이라고 하셨다. 명망 있는 인물들이 재산을 털어 무기와 군량을 마련하여 의병을 모집하자, 친척과 친구는 물론 일반 백성들까지 모여 일본군과 싸웠다. 의병은 오랫동안 살아오던 지역의 지리를 활용하는 전술을 펼쳐 일본군에게 큰 타격을 주었다. 선생님은 의병의 활동으로 조선이 전세를 뒤집을 수 있었다고 말씀하셨다.

그런데 안타깝게도 교과서에는 의병장들의 활약이 자세하게 소개되어 있지 않다. 선생님께서 여름 방학 숙제로 의병장들과 관련 있는 유적지를 다녀온 뒤 소감문을 써내라고 하셨다. 이번 방학 때는 부모님께 부탁드려서 전국에 흩어져 있는 의병의 흔적을 찾아보아야겠다.

7월 25일 홍의 장군 곽재우 생가

의병의 흔적을 찾아가는 첫날, 신출귀몰한 전략으로 일본군을 두려움에 떨게 한 홍의 장군 곽재우의 생가에 갔다. 경상남도 의령군에 소재한 이곳은 2005년에 복원되었다. 이곳에는 곽재우의 생가만 있는 것이 아니라 전통 놀이를 즐기고 북을 쳐 볼 수 있는 체험 시설을 비롯해 연못과 선방내가 함께 있는 공원으로 꾸

곽재우의 호를 딴 망우당 공원에 있는 곽재우 동상. 일제 강점기에 철거되었다가 1980년 지금의 자리로 옮겨졌다. 곽재우는 임진왜란 당시 최초로 의병을 일으켰다(그림 14).

며져 있어 둘러보는 데 지루하지 않았다.

차에서 내리자마자 가장 먼저 눈에 띈 것은 백마를 타고 붉은 옷을 입고 있는 곽재우의 동상이었다. 곽재우를 홍의 장군이라고 부르는 이유는 붉은 비단으로 만든 갑옷을 입고 전투에 참여했기 때문이다. 그는 전직 무관들과 함께 의병 2천여 명을 조직하여 기상천외한 전략을 구사하며 일본군의 진격을 저지했다고 한다. 이곳에 오기 전에 책에서 곽재우가 일본군을 물리친 일화를 읽었는데 그 내용은 이랬다.

일본군은 전쟁이 발생한 지 한 달 뒤 경상도 의령 지역에 이르렀는데, 지리를 모르니 선발대를 보내 안전한 지점에 말뚝을 박아 놓고 그것을 따라 이동했다. 그 모습을 지켜본 곽재우는 부하들을 시켜 몰래 말뚝을 뽑아 늪지대로 옮겨 놓았다. 이 사실을 모르는 일본군은 말뚝을 따라 이동하는 중 곽재우 부대의 기습을 받아 우왕좌왕하다가 전멸했다. 이후 일본군은 붉은 옷만 봐도 두려움에 떨었다고 한다.

이렇게 뛰어난 공을 세운 곽재우는 전쟁이 끝난 뒤 충분한 포상이나 예우를 받지 못하고, 이런저런 관직을 떠돌다가 말년에는 은둔 생활을 하면서 익힌 곡식을 끊고 솔잎만 먹다가 세상을 떠났다고 한다. 일본군을 덜덜 떨게 만든 영웅의 말년이 너무 초라했다는 사실이 안타깝다.

7월 26일 고경명 일가를 기리는 고씨 삼강문

오늘은 호남으로 진출하는 일본군에 맞서 장렬하게 산화한 고경명 일가의 넋을 기리는 장소인 광주광역시의 '고씨 삼강문'을 찾았다.

고경명은 여러 관직을 두루 거친 뒤 고향 전라도 광주 지역에 머무르는 중 임진왜란이 일어나지 예순 살 나이에 늙은 몸을 일으켜 다음과 같은 격문을 써 의병을 모집했다.

"섬나라 오랑캐가 불시에 쳐들어왔다. ……각 고을 수령들과 각 지방의 인사들이여! 어찌 나라를 잊으랴. 마땅히 목숨을 버려야 할 것이다. 혹은 무기를 빌려주고 혹은 군량으로 도와주며 혹은 말을 달려 선봉에 나서고 혹은 쟁기를 버리고 논밭에서 떨쳐 일어서라! 힘닿는 대로 모두가 정의를 위하여 나선다면 우리나라를 위협 속에서 구해 낼 것인즉 나는 그대들과 함께 힘을 다할 것이다."

그리고 그의 동생과 두 아들까지 의병 활동에 합류했다. 사람들은 고경명에게 "일가족이 모두 전투에 참여했다가 가문의 대가 끊어지면 어떡합니까?"라며 걱정했다. 그러자 그는 "나라가 없어지면 가문의 대를 이은들 무슨 의미가 있겠소?"라고 의연하게 답했다. 안타깝게도 고경명과 둘째 아들은 금산 전투에서, 동생과 첫째 아들은 진주성 전투에서 모두 전사한다(충).

한편 고경명의 딸과 조카며느리는 정유재란 때 왜적이 들이닥치자 칼을 깔고 엎드려 자결하여 열녀로 인정받았다(열). 손자 고부금은 효심이 매우 뛰어났다고 한다(효). 그래서 고경명 집안은 자신은 물론 동생·아들·딸이 모두 왕으로부터 표창을 받았고, 한 집안에서 삼강(충·효·열)을 모두 실천한 가문이라 하여 '일문삼강' 집안으로 불렸다. 고씨 삼강문은 그것을 기리고 널리 알리

고씨 삼강문의 전경과 내부. 임진왜란 때 금산 전투에서 순국한 의병장 고경명을 비롯한 일가 여섯 명(1충, 3효, 2열, 1절의)을 기리기 위해 세운 것이다(그림 15, 16).

기 위해 만들어진 문화 유적이다.

그래서인지 어제 방문한 의령의 곽재우 생가와는 다르게 근엄한 분위기가 느껴졌다. 나라가 위기에 처했을 때 온 가족이 희생하여 사회 지도층이 어떻게 행동해야 하는지를 몸소 보여 준 고경명 일가의 애국정신은 영원히 잊지 못할 것 같다.

7월 27일 조헌과 의병 700명을 기리는 칠백의총

오늘은 충청남도 금산에 있는 칠백의총을 찾았다. 칠백의총의 주인공은 의병장 조헌과 700여 명의 이름 없는 의병들이다. 조헌은 임진왜란이 일어나기 전 여러 관직을 지내고 물러난 후 옥천에서 제자 양성과 학문 연구에 전념하고 있었는데, 전쟁이 발발하자 의병 1,700여 명을 모집하여 영규 대사의 승병과 함께 일본군에게 빼앗긴 청주성을 수복하는 전과를 올렸다.

그런데 정부가 의병을 관군으로 통합하는 과정에서 조헌의 의병 조직이 강제로 해산당하여 불과 700여 명밖에 병력이 남지 않게 된다. 조헌은 남은 병력을 이끌고 금산으로 향했다.

왜군에게 패하여 후퇴하는 관군은 조헌에게 "왜군은 정예 대군이니 대적하지 말라"라고 했으나, "국왕이 당하고 있는 판에 신하가 어찌 목숨을 아끼겠소?"라고 답했다. 또한 전라도 순찰사 권율 장군이 나중에 함께 협력하여 일본군을 공격하자고 했으나, 조헌은 관군의 머뭇거림을 알아차리고 이를 비판하며 금산성 앞까지 나아갔다.

금산성의 왜군은 조헌 부대의 접근을 확인하고 후속 지원 병력이 없음을 파악한 뒤 퇴로를 차단했다. 그런 뒤 병력을 나누어 세 차례에 걸쳐 공격했다. 조헌은 "한 번의 죽음이 있을 뿐 의에 부끄럼이 없게 하라"라며 병사들을 독려하여 왜군의 공격을 모두 막아 냈다. 그러나 화살이 떨어져 더 이상

조선 시대 중기 유학자 안방준의 시문집《은봉전서》에 실린 〈칠백의총도〉. 이 책에서 안방준은 임진왜란 때 전국에서 일어난 의병에 관하여 말하고, 인조 때 명나라의 은혜를 잊고 청나라에 굴종한 자들이 나라의 장래를 위태롭게 한다고 지적했다(그림 17).

싸울 수 없게 되자, 조헌을 비롯한 의병은 왜군과 육박전을 벌여 한 명의 도망자도 없이 모두 순절했다. 이 싸움 이후 왜군은 다른 지역의 동료들과 함께 퇴각했고, 이로써 왜군의 전라도 지역 진출은 좌절되었다.

한편 전투가 끝나고 나서 조헌의 제자들은 조헌을 비롯한 의병 700여 명의 시신을 거두어 한곳에 묻어 주고 '칠백의총'이라고 이름 붙인 뒤 사당을 세웠다.

칠백의총과 사당은 일제 강점기인 1940년 조선의 민족정신을 말살하려는 일본인들에 의해 파괴되기도 했으나, 금산군 사람들이 비석 조각을 감추어 보존했다. 의총 주변에 있는 기념관과 탑은 1970년대에 지어졌고 최종적으로는 2009년에 복원했다고 한다. 큰 무덤을 보고 있자면 그 숭고한 정신에 고개가 저절로 숙여지는 곳이다.

7월 28일 정문부 장군 묘

의병의 흔적을 찾아 떠나는 마지막 날이다. 오늘은 경기도 의정부에 있는 정문부 장군의 묘를 방문했다. 함경도에 침입한 일본군을 물리쳤다는 정문부의 무덤으로 올라가다 보니 커다란 비석이 하나 보였다.

비석의 이름은 '북관 대첩비'로 원래 함경북도 길주에 있던 유물이다. 이 비석은 임진왜란 때 함경도 사람들이 정문부 장군이 일본군을 물리친 것을 기념해 만들었는데, 1905년 일본인들이 몰래 일본으로 옮겨 가 야스쿠니 신사에 방치하는 만행을 저질렀다. 그랬던 것을 비문에 이름이 적힌 의병의 후손들이 일본 정부를 상대로 반환 운동을 벌여 100년 만인 2005년에 되찾아 왔다. 이후 원래 위치에 복원하기 위해 북한에 전달했으며, 그때 세 개를 복제하여 경복궁과 독립 기념관 그리고 이곳 정문부 장군

경기도 의정부에 있는 정문부 장군 묘. 정문부는 임진왜란 후 공적을 인정받지 못하고 당쟁을 피해 지방 수령을 지내다 창원 부사 때 지은 시가 이괄의 난에 연루되어 고문을 받고 세상을 떠났다(그림 18).

묘소에 각각 세웠다.

새롭게 알게 된 사실이 하나 있다. 일본군이 한양과 평양을 점령하고 함경도 지역으로 진출하고 있을 때 함경도 지역에서 반란이 일어났다는 것이다. 반란을 일으킨 국경인, 국세필, 정말수 등이 당시 그곳에 머물고 있던 선조의 두 아들 임해군과 순화군을 잡아 일본군에 넘겨주고는 벼슬을 받았다.

길주 지역에서 의병을 이끌던 정문부는 회령으로 진격하여 반란군을 평정하고, 일본군과 전투를 벌여 600여 명의 목을 베고 수많은 군수품을 획득했다고 한다. 일본군은 길주에 고립되었고 그들을 지원하러 온 일본군 2만 명 역시 정문부가 이끄는 의병의 매복 작전에 커다란 피해를 입어, 결국 함경도 지역에서 완전히 물러날 수밖에 없었다. 이 사실을 알고 나니 일본이 북관 대첩비를 훔쳐 갔는지를 알 수 있을 것 같았다. 조선 의병의 대승이 그들에게는 감추고 싶은 패배였기 때문이다.

북관 대첩비와 그에 대한 설명을 읽고 난 뒤 정문부 장군의 무덤으로 올라갔다. 지금은 찾는 사람이 많지 않은 작은 문화 유적이지만, 높은 언덕에 자리 잡은 무덤을 보며 그 옛날 함경도에서 일본군을 퇴각시킨 정문부 장군의 기개가 느껴졌다.

근대적 정치 체제인 입헌 군주제의 등장
- 영국 혁명

1625년 왕이 되어 절대 왕권을 휘두르려 한 찰스 1세는 엘리자베스 여왕 때부터 성장하고 있는 의회와 사사건건 충돌했다. 게다가 1628년 의회는 잇따른 전쟁 등으로 궁지에 몰린 찰스 1세에게 국왕은 의회 동의 없이 어떤 형태의 세금도 마음대로 걷지 못한다는 내용이 담긴 〈권리 청원〉을 제출했다. 이에 불만을 품은 찰스 1세는 의회를 해산하고 아예 11년 동안 소집하지 않았다. 하지만 스코틀랜드와의 전쟁으로 1640년에 다시 열린 의회에서 국왕을 거세게 비난하자, 국왕은 이를 진압하기 위해 군대를 동원했다. 의회 세력이 이에 대응하면서 영국에서는 왕당파와 의회파의 내전이 진행되었다. 크롬웰이 이끄는 의회파의 승리 후 찰스 1세가 처형되면서 영국은 왕이 없는 공화정 체제를 시험하기에 이르렀다.

공화정 체제는 크롬웰의 사망과 함께 무너지고 영국에서는 다시 왕이 다스리는 국가가 되었다. 제임스 2세는 자신의 종교인

가톨릭을 중시하는 정책을 밀어붙여 의회와 충돌했다. 의회는 제임스 2세를 몰아내고, 제임스 2세의 딸 메리와 그녀의 남편 네덜란드 총독 윌리엄을 영국의 공동 통치자로 만들기 위한 계획을 진행했다. 제임스 2세는 왕위를 지키기 위해 필사적으로 노력했지만 실패했고, 가족과 함께 프랑스로 건너가면서 사건은 마무리되었다.

그 뒤 왕위에 올라 공동 통치자가 된 메리와 윌리엄은 국왕의 절대 권력이 법의 제약을 받는 〈권리 장전〉에 서명하면서 영국에서 절대 왕정은 사라지고 입헌 군주제라는 새로운 정치 체제가 성립되었다. 17세기 중반과 후반에 연이어 일어난 혁명으로 영국은 절대 왕정을 극복하고 입헌 군주제라는 근대적 정치 체제를 출범시키면서 이후 미국과 프랑스 혁명에도 영향을 미쳤다.

광해군은 과연 명군일까, 폭군일까?

조선 시대 임금 27명 중 연산군과 더불어 왕위에서 쫓겨나 묘호를 얻지 못한 광해군. 그는 오랜 시간 조선 시대의 대표적 폭군으로 알려졌지만 그의 업적을 재평가해야 한다는 주장도 있다. 임진왜란을 극복하기 위해 다방면으로 노력했을 뿐 아니라 국제 정세를 읽는 눈이 탁월했다는 것이다. 광해군이 과연 명군인지, 폭군인지 함께 살펴보자.

전란의 위기 속에서 신중했던 광해군

선조와 후궁인 공빈 사이에서 둘째 아들로 태어난 광해군은 원래 왕이 될 사람이 아니었다. 그러나 1592년 임진왜란이라는 국가적 위기 상황이 발생하자 다른 형제들보다 뛰어난 능력을 발휘하여 세자가 되었다. 전쟁 기간에 광해군은 아버지 선조를 대신해 전장을 돌며 의병 활동을 촉진하고 민심을 수습했다. 또 전쟁 후에는 왕위를 물려받아 무너진 성곽과 무기를 수리하여 국방력을 강화했다. 그리고 백성들의 삶을 안정시키기 위해 세금 제도를 개혁하여 부담을 덜어 주었다.

임진왜란 후 동아시아의 정세는 매우 불안정했다. 중국의 명나라는 힘이 약해졌고, 만주 지역에서는 여진족의 누르하치가 주변 부족을 통합하여 후금을 세웠다. 명나라는 후금을 견제하기 위해 전쟁을 일으켰으나 군사력이 부족해 조선에 군대를 보내 달라고 요청한다. 광해군이 판단하기에 명나라는 국내에 반란이 일어나 혼란에 휩싸일 가능성이 매우 컸다. 그에 반해 후금은 강한 군사력을 바탕으로 무럭무럭 성장하고 있기 때문에 만약 명나라를 도와주었다가 잘못되면 후금에게 보복을 당할 상황에 처할 수 있었다.

광해군은 명과 후금 두 강대국의 싸움에 휘말리지 않고자 명의 황제에게 '조선의 군대는 약해서 그다지 도움이 안 된다', '아직 임진왜란의 피해를 복구하지 못했다', '일본이 언제 다시 쳐들어올지 모른다'는 핑계를 대며 차일피일 파병을 미루었다. 하지만 파병을 요구하는 명나라의 강한 압박과 재조지은(망해 가던 조선을 다시 살려 준 은혜)에 보답해야 한다는 대다수 신하들의 여론을 완전히 무시할 수는 없었다.

결국 조선은 1만 5천여 명의 병력을 파견한다. 광해군은 출전 직전에 총사령관 격인 강홍립에게 상황에 따라 적절하게 대처하도록 지시하여 어떻게든 조선군의 피해를 최소화하려고 했다. 반강제로 파병된 조선군은 심하 전투에서 병력 절반을 잃고 적에게 투항했다. 강홍립은 후금에 항복할 때 조선의 참전은 명나라의 압박에 의한 어쩔 수 없는 일이었음을 강조했고, 누르하치는 이를 받아들였다.

이후 광해군은 명나라의 재파병 요구를 거절하는 한편 후금의 보복을 막기 위한 보험 차원에서 압록강 일대에 명의 병력 배치를 요청한다. 그리고 조선의 내부 사정이 후금으로 유출되지 않도록 보안에 신경 쓰는 동시에 후금에 억류된 강홍립을 통해 후금의 정보를 수집했다. 이것이 바로 임진왜란을 겪은 뒤 전쟁이 벌어지면 안 된다고 누구보다 절실하게 생각한 광해군의 중립 외교 정책이다.

어머니를 폐하고 동생을 죽이다

광해군에게는 자신보다 나이가 어린 새어머니가 있었으니 그녀가 바로 인목 대비다. 인목 대비는 광해군의 아버지 선조가 쉰 살에 새로 맞이한 정실부인이다. 결혼할 당시의 나이가 열아홉 살이었는데 그때 광해군의 나이가 스물여덟이었으니 자신보다 아홉 살이나 어린 사람을 어머니로 모셔야 했다. 인목 대비는 결혼한 지 5년 만에 영창 대군을 낳았는데, 선조는 후궁의 몸에서 태어난 광해군보다 정실부인에게서 태어난 영창 대군을 더 예뻐했다.

이를 눈치챈 일부 신하들(서인)은 광해군으로부터 세자 자리를 빼앗아 영창 대군에게 주어야 한다는 주장을 펼쳤다. 그러나 선조의 갑작스러운 죽음으로 결국 다음 왕위는 광해군이 잇게 되었다. 왕이 된 후 광해군은 영창 대군이 역모를 꾸몄다는 명목으로 평민으로 신분을 강등시킨 뒤 강화도에 유배를 보내 죽이고 말았다. 그때 영창 대군의 나이가 아홉 살이었는데 《광해군일기》에 따르면 방에 뜨겁게 불을 때어 영창 대군이 앉지도 눕지도 못한 채 밤낮없이 창살을 부여잡고 울부짖다가 기운이 다해 죽었다고 한다.

영창 대군이 죽은 후에는 인목 대비를 평민으로 강등시키고, 경운궁(지금의 덕수궁)에 가두고 밖으로 나오지 못하게 했다. 이러한 광해군의 행동을 '폐모살제'(어머니를 폐하고 동생을 죽이다)라고 부른다. 훗날 반정 세력은 충, 효, 예를 강조하는 유교 국가 조선에서 있을 수 없는 일을 저질렀다며 광해군을 내쫓는 주된 명분으로 삼았다.

광해군의 몰락과 최후

광해군은 역모와 관련된 일이 있을 때마다 대규모 옥사(반역과 같은 중대한 범죄를 다스리는 일)를 일으켜 죄가 없는 사람들을 엮어서 죽이거나 귀양 보냈다. 옥사는 이복동생 영창 대군 외에 광해군의 친형 임해군, 조카 능창군(뒤에 인조가 되는 능양군의 동생)과 같은 왕족이라고 해도 피해 갈 수 없었다.

광해군 묘. 광해군 비와 나란히 묻혀 있다. 광해군은 유배 생활을 하다 제주에서 67세에 세상을 떠났는데, 제주도로 떠나며 "나그네의 꿈에는 용상이 자주 보이도다, 나라의 존망은 얻어 들을 길 없고…"라는 시를 읊었다고 한다(그림 19).

한편 광해군은 임진왜란 이후 무너진 왕실의 권위를 세우기 위해 궁궐을 복구하거나 새로 짓는 등 무리하게 대규모 토목 공사를 벌였다. 전쟁이 끝나고 가뜩이나 먹고살기 어려운데 백성들을 공사에 동원하는 바람에 광해군은 임진왜란 때부터 쌓아 온 민심을 잃었다.

이윽고 광해군 15년(1623년) 서인들이 중심이 되고 광해군의 조카 능양군이 주도한 정변이 일어났다. 이들은 순식간에 창덕궁을 장악하고 궐 밖으로 피신한 광해군을 사로잡았다. 그리고 명나라에 대한 의리를 지키지 않은 점과 형제들을 귀양 보내 죽게 만들고 어머니를 내쫓은 점을 내세워 폐위한다. 이 사건을 '인조반정'이라고 부른다. 인조반정으로 쫓겨난 광해군은 강화도, 태안, 제주도 등지에서 19년 동안 유배 생활을 하다 생을 마감했다.

조선은 왜 삼전도에서 굴욕을 당해야 했을까?

"조선 왕은 대청 황제 폐하께 삼배구고두례(세 번 무릎을 꿇고 아홉 번 절하는 의례)를 올려라."

청의 장수 용골대가 인조에게 큰 소리로 말한다. 그러나 인조가 주저하자 용골대는 다시 한번 호령한다.

"무엇을 꾸물거리고 있는가! 빨리 예를 올리지 않고!"

용골대의 재촉에 인조가 한 번 절하고 땅에 머리를 세 차례 찧는다. 쿵, 쿵, 쿵. 그렇게 세 번을 반복하고 나서 고개를 든 인조의 이마에서 난 새빨간 피가 얼굴을 따라 흐르고 있었다. 인조는 어찌하여 이마가 깨져 가면서까지 조선 건국 이래 업신여기던 여진족에게 굴욕적인 예를 올리게 된 것일까?

또다시 전란에 휩싸인 조선

인조반정 뒤 조선은 중립 외교 정책을 포기하고 명나라와 가까이 지내는 외교 정책을 펼친다. 이후 조선은 자연스럽게 오랑캐인 후금을 배척했고, 후금은 이런 조선의 태도에 심기가 불편했다. 그 무렵 인조반정 때 공을 세운 이괄이 자신에게 내려진 상에 만족하지 못하고 난을 일으키는 사건이 벌어진다. 이괄이 한때 한양을 점령하여 인조는 공주까지 도망갔으나 반란은 곧 진압되었다.

이런 중에 국제 정세는 매우 긴박하게 돌아가고 있었다. 후금의 누르하치가 명나라와의 전투에서 패한 뒤 사망하고, 여덟째 아들 홍타이지가 황제 자리를 물려받았다. 형들이 자신을 견제하는 상황 속에서 정치적 지도력을 보여 주어야 하는 데다 경제적으로도 어려워 조선과 생필품 교역이 필요한 홍타이지는 조선 침략을 통해 위기를 극복하고자 했다. 그렇게 정묘호란(1627년)이 시작되었다.

후금은 기병 3만을 이끌고 조선을 침략했는데 조선은 이괄의 난으로 국방력이 약해져 있는 터라 제대로 대처하지 못했다. 후금의 군대를 따라 참전한 강홍립이 '조선군은 후금군의 깃발만 보아도 무너지는 형편'이라고 표현했을 정도다. 이때 인조는 강화도로 피신했는데, 후금은 전쟁이 장기화되면 명나라가 공격해 올 것을 염려하여 진격을 멈추고 조선에 화의를 제의해 왔다. 조선과 후금은 서로 형제가 되기로 약속하고 후금의 군대가 철수하는 대신 조선은 후금에 물자를 바치고 생필품을 교역하기로 했다.

척화론과 주화론의 첨예한 대립

그 뒤 홍타이지는 후금의 내부 결속을 다지고 명을 궁지로 몰아세우며 세력을 키웠다. 급기야는 나라 이름을 청으로 바꾸더니 스스로 황제의 나라임을 선포하기에 이른다. 그리고 청나라는 장수 용골대를 사신으로 보내 군신 관계를 요구했다. 이에 조선 조정은 끝까지 청나라 군대와 싸우자는 척화론과 우선 화의를 하고 힘을 키울 시간을 벌자는 주화론으로 나뉘어 날카롭게 대립했다.

척화론자들은 '용골대의 목을 베어 명으로 보내고 결사 항전을 벌이자', '오랑캐를 황제로 인정할 수 없으니 정묘년의 약속을 파기하고 전쟁을 치르자'고 강경하게 주장했다. 반면 주화론자들은 '현재의 미약한 군사력으로는 청과 맞설 수 없으니 시간을 벌자'고 나섰다. 고민에 빠진 인조는 마침내 척화론을 택했고, 협상

의 여지가 없다고 생각한 청은 14만 대군을 이끌고 조선을 침략한다. 이것이 바로 1636년(인조 14년)에 일어난 병자호란이다.

인조는 정묘호란 때처럼 강화도로 피신하려 했으나 청나라 군대가 예상보다 빨리 진군해 와서 진로를 바꾸어 남한산성으로 들어가 항전했다. 남한산성에는 군사 1만여 명이 한두 달 정도 버틸 수 있는 식량이 전부였다. 청나라 군사는 그러한 사정을 파악하고 성 주변을 포위한 뒤 보급로를 차단하는 작전을 펼쳤다. 계절은 한겨울이어서 추운 날씨에 얼어 죽는 사람마저 생겼다. 게다가 충청도, 경상도, 전라도 등지에서 남한산성을 향해 출발한 지원군과 보급 모두 청나라 군사에게 차단당했다.

성안에서는 또다시 논쟁이 벌어졌다. 척화론자 김상헌은 "오랑캐에게 항복하는 치욕을 당하느니 성안에 있는 모두가 죽을 때까지 저항하자"라고 주장했고, 주화론자 최명길은 "일단 치욕을 견디고 종사와 백성들을 보전하자"라고 주장했다.

객관적으로 보면 당시 조선은 더 이상 청나라와 싸울 상대가 되지 못했기 때문에 먼저 화의를 하고 힘을 키워야 한다는 주화론이 현실적 선택이었다. 그러나 후금과 타협했다는 구실로 광해군을 몰아낸 이들이 대부분인 조정에서는 오랑캐에게 무릎을 꿇는 것은 명분에 어긋나는 일이었기에 결사 항전을 주장하는 척화론을 내세울 수밖에 없었을 것이다.

하지만 청군에 포위당한 상태에서 식량이 바닥나고 남한산성에 있는 인조를 구하려는 지원군이 각개 격파당하는 상황에서 역대 국왕의 신주를 들고 강화도로 들어간 세자빈과 봉림 대군(훗날의 제17대 왕 효종) 등 왕실과 조정 대신의 가족들마저 붙잡히자, 척화론은 현실적으로 힘을 잃었다.

조선 조정이 남한산성에서 항전하는 동안 청나라는 갈수록 무리한 조건을 내세웠다. 처음에는 소현 세자를 보내라고 했다가 척화론을 내세우는 신하들도 함께 보내라고 입장을 바꾸었다. 나중에는 인조가 직접 나와서 항복해야 받아 줄 것이라고 했다. 결국 남한산성으로 들어간 지 45일 만에 인조가 삼전도(한양과 남한산성을 이어 주던 나루. 지금의 서울시 송파동)에서 굴욕적 강화를 맺으며 병자호란은 끝났다.

약자에게 향한 울분, 환향녀와 호래자식

병자호란 이후 조선은 청나라에 대해 군신의 예를 행하고 명나라와의 교류를 단절할 것을 약속했다. 그리고 소현 세자와 봉림 대군 두 왕자와 많은 신하를 청나라에 인질로 보냈다. 그 후로도 조선은 청나라에 많은 공물을 바쳐야 했으며, 전쟁으로 국토는 쑥대밭이 되어 백성의 삶은 더욱 곤궁해졌다. 더군다나 오랑캐에게 무릎 꿇은 조선 정부의 자존심은 땅에 떨어졌다.

한편 청나라는 전쟁 중에 많은 조선 백성을 포로로 잡아갔는데, 이는 나중에 몸값을 받아 내기 위함이었다. 특히 몸값을 비싸게 받을 수 있는 양반이 평민보다 많이 끌려갔다. 기록에 따르면 전쟁이 끝나고 협상을 통해 몸값을 바치고 풀려난 사람이 무려 3만 명에 달했다고 한다.

그런데 청나라에 포로로 잡혀갔다가 조선으로 돌아온 여성들의 처지가 큰 사회 문제로 대두되었다. 어느 시대보다 조선 시대에는 여성의 정절(남편을 섬기는 여성의 곧은 절개)을 중요하게 생각했는데, 많은 사람이 청나라에 잡혀갔다 돌아온 여성들의 정절이 더럽혀졌다고 여겼다. 그래서 그런 여성들을 고향에 돌아온 여인이라는 의미로 '환향녀'라 부르며 무시했다. 이 말이 변해 화냥년이라는 욕설로 변했다.

우여곡절 끝에 집으로 돌아온 여성들을 문전 박대하고 그녀들과의 이혼을 허락해 달라는 진정서가 인조에게 올라왔다. 조선 시대에는 사대부 가문이 이혼할 때에는 임금의 허락을 받아야 했기 때문이다. 그런가 하면 딸을 시집보낸 부모들은 이혼에 반대하는 진정서를 올렸다.

신에게 외아들 장선징이 있는데 강화도에서 그의 처가 잡혀갔다가 속환되어 지금 친정집에 있습니다. 그대로 배필로 삼아 함께 조상님의 제사를 받들 수 없습니다. 아들이 이혼하고 새로 장가들도록 허락해 주십시오.

— 장유가 인조에게 올린 진정서

제 딸이 청군에 사로잡혔다가 속환되었는데, 사위가 다시 장가를 들려고 합니다. 원통해 못 살겠습니다.

— 한이겸이 인조에게 올린 진정서

자신의 의지가 아니라 강제로 납치되었다가 천신만고 끝에 돌아왔긴만 길 곳이 없어진 환향녀들은 목을 매거나 강불에 봄을 던져 자결했다. 한편 여진족에게 끌려갔던 여성들이 낳은 아이들은 '오랑캐 노비의 자녀'라는 뜻인 '호래자식'(우리가 흔히 사용하는 '호로자식'은 잘못된 표기다)으로 불리며 천대받았다.

환향녀 문제를 해결하기 위해 인조는 한양 홍제천, 강원도 소양강, 충청도 금강, 평안도 대동강 등 나라에서 지정한 강에서 목욕을 하면 정절이 회복된다고 널리 홍보했다. 그리고 정절을 회복한 환향녀를 천대할 경우에는 엄벌에 처한다는 명령을 내리기도 했다. 하지만 사람들은 그에 아랑곳하지 않고 환향녀와 그 여성들이 낳은 아이들을 업신여겼다. 전쟁이 일어나면 사회적 약자인 여성과 아이 들이 얼마나 고통을 받는지를 여실히 보여 주는 장면이다.

한 걸음 더

굴욕의 상징 삼전도비는
역사의 교훈으로 삼아야 할까, 없애야 할까?

삼전도비는 청나라가 병자호란에서 승리한 뒤 남긴 기념비로 정식 명칭은 '대청 황제 공덕비'이며 높이 395센티미터, 너비 140센티미터에 이르는 대형 비석이다. 또 비석 앞면 오른편에는 여진 문자가, 왼편에는 몽골 문자가, 그리고 뒷면에는 한자가 새겨져 있어 17세기 무렵의 여진과 몽골 문자를 연구하는 데 중요한 자료가 된다고 한다.

우리 역사의 아픔을 보여 주는 삼전도비는 19세기 말 청나라의 힘이 약해지자 강물에 던져졌다. 그러나 일제 강점기 일본인들이, 우리 민족이 다른 민족으로부터 지배를 받았다는 사실을 강조하여 자신들의 침략을 합리화하려고 삼전도비를 복원하고 심지어 보물로 지정했다.

광복 이후 잠시 국보로 승격되기도 한 삼전도비는 1956년 당시 문교부가 굴욕적 역사를 상징한다며 땅속에 묻어 버렸다. 그러나 큰 홍수가 나 흙이 쓸려 가면서 삼전도비가 세상에 다시 모

삼전도비. 비석 머리에는 용틀임하는 용 두 마리가 생동감 있게 조각되어 있다. 청일 전쟁 후 1895년(고종 32년) 치욕적인 의미 때문에 땅속에 묻혔다가 일제 강점기인 1917년 일제에 의해 세워지고 1956년 문교부가 국치의 기록이라 하여 땅속에 묻히는 수난을 당했다(그림 20).

습을 드러냈다. 당시 정부는 우리 역사의 아픔도 교훈으로 삼아야 한다며 1963년 사적 제101호로 지정하고 제자리에 복원했다. 그런데 2007년에는 빨간 스프레이로 '철거'라는 글씨가 쓰여 비석이 훼손되는 사건이 발생했다. 다행히 문화재청에서 3개월에 걸쳐 본래의 모습으로 복구하는 데 성공했고, 2010년 현재 위치로 이전하여 보존되고 있다.

전쟁의 패배를 기록한 치욕의 상징물 삼전도비. 우리의 기억에서 완전히 사라지게 해야 하는 것일까? 아니면 다시는 잘못을 되풀이하지 않도록 후손들에게 물려주어야 하는 것일까?

베스트팔렌 조약 체결로 끝난 30년 전쟁

마르틴 루터의 종교 개혁 운동으로 독일은 1530년대에 한 차례 큰 내전을 치렀지만 아우크스부르크 화의를 통해 일단 루터파에 대한 신앙의 자유가 보장되었으며, 16세기가 끝날 때까지는 그런 대로 큰 갈등 없이 가톨릭과 개신교가 공존했다. 하지만 17세기에 들어서면서 사정이 달라졌다. 독일, 네덜란드, 이탈리아, 보헤미아, 스위스 등 어느 정도 독자적으로 행동하는 국가의 군주들과 360개 자유 도시들의 연합체인 신성 로마 제국이 점차 쇠약해지고 있었기 때문이다. 때마침 로마 가톨릭의 권위는 추락하고 개신교라는 대안이 생기면서 독립을 추구하는 국가들의 의지는 더욱 구체화되었다.

전쟁은 새로 선출된 신성 로마 제국 황제 페르디난트 2세가 자신의 영토에서 반종교 개혁을 시행하려고 함으로써 발발했다. 그는 로마 가톨릭을 국민에게 강요하고 북부의 프로테스탄트 국가들을 중심으로 한 개신교 제후 동맹을 압박했다. 이후 신성 로마 제국과 제국의 종교 정책을 시시하는 제후국 그리고 그에 반

프랑스 화가 자크 칼로가 30년 전쟁에서 일어난 처참한 모습을 묘사한 〈전쟁의 비참함〉 중 열한 번째 작품 〈교수형〉이다(그림 21).

대하는 제후국 간 다툼에서 출발한 싸움은, 유럽의 거의 모든 국가가 개입하여 규모가 커지면서 각국의 이해관계가 교차하는 근대적인 전쟁으로 발전했다.

전쟁이 30년씩이나 장기화한 것은 가톨릭과 개신교 어느 한쪽도 압도적 세력을 갖지 못한 탓이었으나, 같은 합스부르크 가문인 에스파냐가 신성 로마 제국을 지지하고 전쟁에 참여하면서 전체적으로는 가톨릭의 우세로 진행되었다고 평가된다. 에스파냐, 신성 로마 제국과 앙숙이던 프랑스는 이 두 나라의 압박에서 벗어나기 위해 과감한 선택을 한다. 그들과 같은 가톨릭 국가였음에도 오히려 스웨덴 제국, 오스만 제국과 동맹을 맺고 1635년부터 개신교 편으로 참전한 것이다. 이 전쟁의 분수령으로 볼 수 있다.

30년 전쟁은 사망자가 무려 800만 명이나 되어 인류 전쟁사에서 참으로 잔혹하고 많은 사망자가 발생한 전쟁 중 하나로 꼽히며 1648년 베스트팔렌 조약으로 끝을 맺는다.

이 조약을 통해 종교의 자유가 허용되면서 개신교 국가들은 로마 가톨릭 교회의 탄압에서 벗어나 생존의 발판을 마련했다. 전쟁에서 패배한 신성 로마 제국의 권위는 추락했으며, 전쟁의 주요 무대가 된 독일의 도시와 공국 들은 심각한 피해를 입고 소국가로 분열한다. 반면 스위스는 독립을 인정받았고, 네덜란드 공화국도 독립을 공인받은 뒤 급격히 성장했다. 잉글랜드 왕국, 프랑스, 스웨덴 제국은 전쟁 후 상당한 영토를 보유하게 되어 신성 로마 제국을 대신해 유럽의 새로운 강대국이 되었다.

세상을 보는 새로운 방법 과학 혁명

르네상스가 진행되면서 신 중심의 문화가 인간 중심의 문화로 옮겨 가던 흐름과 함께 자연 과학 분야에서도 중세의 생각을 뒤집는 변화가 이루어졌다.

1543년 폴란드 천문학자 코페르니쿠스가 《천체의 회전에 관하여》라는 책에서, 태양을 중심으로 지구가 매년 한 바퀴씩 공전한다는 지동설을 주장하면서 변화는 시작되었다. 신이, 인간이 살고 있는 특별한 별인 지구를 우주의 중심에 두었다는 천동설은 중세 유럽에서 우주 질서를 설명하는 절대 불변의 진리와 같은 이론이었다. 코페르니쿠스가 이를 부정하고 이어서 케플러, 갈릴레이 등이 이를 뒷받침하면서 중세의 천동설은 지동설로 대체되었다.

이렇게 시작된 변화는 17세기까지 만유인력의 법칙을 주장한 영국의 뉴턴, 질량 보존의 법칙을 주장한 프랑스의 라부아지에 등에 의해 물리학과 화학 등의 분야로 이어졌다. 16세기에서 17세기에 걸쳐 여러 자연 과학 분야에서 일어난 혁명적인 변화를 일컬어 '과학 혁명'이라고 한다.

과학 혁명은 망원경, 현미경과 같은 각종 기구가 발달되면서 그동안 인간이 볼 수 없던 먼 세상과 작은 세상을 보여 주었다. 이런 변화는 혁명이라는 말과는 어울리지 않게 200여 년에 걸친 오랜 시간 동안 많은 학자에 의해 점진적으로 이루어졌다. 이 변화는 신이 아니라 인간의 이성에 의해 모든 자연 현상을 이해할 수 있다는 믿음으로 이어졌다.

이 같은 생각의 변화는 단지 자연 과학 분야뿐만 아니라 사회와 문화 등 인간 생활 전반으로 확대되면서 근대의 산업 혁명에 영향을 주었다. 더 멀리는 산업 혁명을 바탕으로 한 현대 사회의 성립에도 영향을 미친 매우 '혁명적인' 사건이다.

조선 시대 여성은
어떤 삶을 살았을까?

삼국 시대 신라에서는 여성이 왕위에 오를 수 있었고, 고려 시대에는 "남녀가 쉽게 만나고 쉽게 헤어진다"라는 기록이 남아 있어 우리 생각보다 남녀 차별이 심하지 않았음을 알 수 있다. 그렇다면 조선 시대 여성의 삶은 어땠을까? 안타깝게도 조선 시대는 우리나라의 역사 속에서 여성이 사회적으로 가장 불행한 시절을 보낸 시기다. "딸을 낳으면 지나가는 새우젓 장수도 섭섭해한다", "딸 다섯 둔 집에는 도둑도 들지 않는다"라는 말이 생길 정도로 조선 시대 여성은 태어날 때부터 차별 대우를 받았다.

진정한 불행은 결혼 후부터 본격적으로 시작되었다. 남편을 하

늘처럼 받들고 남편의 뜻과 말을 거역해서는 안 되었으며, 고달
픈 시집살이에 시달렸다. 오죽하면 "소를 잃으면 며느리를 얻어
라", "시집가면 벙어리 3년, 귀머거리 3년, 장님 3년"이라는 말이
생겨났을까. 모든 여성이 그렇게 살았던 것은 또 아니다. 세 편의
시를 통해 조선 시대 여성의 삶을 들여다보자.

결혼하면 무조건 시댁에서 살아야 한다? – 신사임당

많은 사람이 조선 시대의 여성은 결혼한 뒤에는 당연히 시댁
에서 살았을 것으로 생각한다. 그런데 조선 시대 전기까지는 남
편과 함께 친정에 살면서 자식을 낳아 웬만큼 키운 다음 시댁으
로 가는 것이 일반적이었다. 열아홉 살에 결혼한 신사임당 역시
20년간 남편과 함께 친정이 있는 강릉에 살았다. 아래의 시는 그
녀가 강릉을 떠나 시댁이 있는 한양으로 갈 때 남긴 작품이다.

> 늙으신 어머님을 강릉에 두고
> 홀로 서울로 가는 이 마음
> 돌아보니 북촌(강릉 오죽헌)은 아득도 한데
> 흰 구름만 저문 산을 날아 내리네

우리가 일반적으로 생각하는 조선 시대 여성의 생활 모습은

조선 시대 전기를 지나면서 만들어진 것들이 많다. 조선 전기까지는 재산을 상속할 때 아들과 딸 사이에 차별을 두지 않고 골고루 나누어 주었다. 심지어는 결혼한 딸도 친정 부모가 물려준 재산을 자기 몫으로 가질 수 있었다. 제사는 형제들이 돌아가면서 지냈으며, 아들이 없으면 딸과 사위가 주관했다.

또 친손자와 외손자를 차별하지 않아 외손자가 제사를 모시는 일 또한 흔했다. 신사임당의 아들 율곡 이이는 외가의 제사를 모신 것으로 유명하다. 그래서 제사를 모실 아들이 없어 대가 끊긴다고 양아들을 들이지도 않았고, 남편이 일찍 죽으면 자유롭게 재혼하기도 했다.

시대에 따른 여성 지위의 변화

	고려 시대~조선 시대 전기	조선 시대 후기
재산 상속	아들과 딸(결혼한 딸 포함)에게 골고루 분배	아들, 특히 장남 중심으로 분배
제사	아들과 딸이 돌아가며 지냄(사위나 외손자도 지냄)	아들, 특히 장남이 지냄(아들이 없는 경우 양아들 입양)
재혼	자유	거의 불가능

여성의 무지가 미덕인 시대에 일찍 시든 재능 - 허난설헌

16세기 무렵부터 조선은 서서히 남성 중심 사회로 변모해 갔다. 그러한 분위기 속에서 똑똑한 여성은 배척당하고 무지한 것

신사임당의 여덟 폭 병풍 〈초충도〉 중 〈가지와 방아깨비〉. 〈초충도〉는 물감을 말리려 내놓은 그림 속 벌레가 진짜인 줄 알고 닭이 쪼아 종이에 구멍이 났다는 일화를 갖고 있다. 이외에 〈여치와 사마귀〉, 〈수박과 들쥐〉 등이 있다(그림 22).

이 오히려 미덕으로 여겨졌다. 여자는 글을 알아도 함부로 쓰지 말아야 하고, 아들에게는 글을 가르쳐도 딸에게는 기초적인 교양 외에는 가르치지 않았다.

〈홍길동전〉의 지은이 허균의 누나 허난설헌은 그런 시대에 태어났다. 다행히 그녀는 어렸을 적에 자유로운 집안 분위기 속에서 뛰어난 문학적 재능을 키워 나갈 수 있었다. 그러나 결혼을 하면서 인생이 180도 달라진다.

당시 여성은 사회생활은커녕 여성의 글은 문밖으로 나가서는 안 되었다. 그 때문에 결혼 이후에는 남편에게 순종하는 아내로 살아가야 했다. 시댁 식구들은 그녀의 문학적 천재성을 달갑지 않게 여겼고, 남편과의 관계마저 원만하지 않았다. 그러던 중 자식들이 전염병에 걸려 죽고 어렵게 임신한 아이를 유산하는 등의 일을 겪고 큰 시름에 빠져 시를 쓰며 여생을 보냈다.

> 지난해에는 사랑하는 딸을 잃고
> 올해는 사랑하는 아들을 잃었네
> ……
> 아아, 너희 남매의 혼은
> 밤마다 정겹게 어울려 놀고 있을 테지
> 비록 배 속에 아기가 있다 한들
> 어찌 제대로 자라기를 바라리오
> 하염없이 슬픈 노래를 부르며
> 피눈물 슬픈 울음 속으로 삼킨다

슬픈 일을 많이 겪은 고통 때문이었을까. 허난설헌은 스물일곱 꽃다운 나이에 세상을 떠났다. 여성으로 태어나 능력을 제대로 인정받지 못한 데 대한 작은 저항이었는지 그녀는 세상을 떠나기 전 방 안 가득한 자신의 작품들을 모두 불태워 버리라는 유언을 남겼다. 오늘날 전해지는 허난설헌의 작품은 동생 허균이 중국 친구들에게 알려 중국에서 간행된 《난설헌집》에 수록된 것들이다. 이후 허난설헌의 시는 중국에 널리 알려지고, 특히 중국의 여성 시인들이 즐겨 읊는 시가 되었다고 한다.

지성미를 풍기며 애틋한 사랑을 꿈꾼 기생 – 이매창

조선 시대의 대표적 여류 시인 이매창(매창은 호). 그녀는 전라도 부안 출신 기생으로 한시에 능했을 뿐 아니라 거문고 연주 실력 또한 뛰어나 양반들이 전국 각지에서 찾아왔다.

조선 시대의 기생들은 각종 악기를 다룰 줄 아는 데다 가무를 배워 연회에서 흥을 돋우는 역할을 담당했다. 또한 주로 양반들과 어울려야 했으므로 시와 글, 그림 배우기를 게을리하지 않았다. 이렇듯 교양을 갖춘 존재인 기생들은 인기가 좋은 경우에는 비단옷을 입고 호강하며 살았다고 한다.

매창 역시 양반들과 시를 주고받으며 교류했으나, 그녀는 오직 단 한 사람에게만 마음을 주었다. 그녀가 사랑에 빠진 때는 스무 살 무렵이었다. 상대는 유희경이라는 인물로 매창보다 무려 스물여덟 살이나 많았는데, 천민이었으나 시를 잘 짓고 임진왜란 때는 의병으로 활약했으며 인조 때 당상관의 품계(종2품)를 받기도 했다. 두 사람은 매창이 있는 부안에서 임진왜란이 일어난 1592년에 단 한 번 만난 뒤 서로를 잊지 못해 그리워하며 시를 지었다.

그대의 집은 부안에 있고

나의 집은 서울에 있어

그리움 사무쳐도 서로 못 보고

오동에 비 뿌릴 젠 애가 끊거라

— 유희경

이화우 흩뿌릴 제 울며 잡고 이별한 님

추풍낙엽에 저도 날 생각하는가

천 리에 외로운 꿈만 오락가락하여라

— 이매창

유희경과 매창은 임진왜란 전쟁 동안 만나지 못하다가 마침내 1607년 15년 만에 재회한다. 그들은 열흘간의 만남을 마치고 다시 이별했는데 그것이 마지막이었다. 3년 뒤인 1610년 매창이 세상을 떠났기 때문이다.

신분상 천민에 해당하는 기생이지만 당대의 양반들과 시와 노래를 통해 교류하며 명성을 얻은 인물 매창. 유희경과 나눈 애틋한 사랑의 흔적은 현재 전라북도 부안과 서울시 도봉구에 시비로 남아 많은 사람에게 감동을 주고 있다.

맺음말

　조선은 성리학을 바탕으로 성립되었지만, 조선 시대 전기에는 아직 고려의 영향이 짙게 드리워져 있었다. 하지만 사림이 권력을 차지하고부터는 조선의 통치 이념인 성리학에 기초한 사회 질서가 자리를 잡으면서 조선 시대 전기와 후기는 같은 듯 다른 모습을 보인다.

　건국 이후 조선은 왕위 계승을 둘러싸고 혼란스러웠지만, 태종과 세종 그리고 세조 시대를 거치면서 500년 왕조의 기틀을 잡아 갔다. 그리고 성종 대에 이르러《경국대전》이 시행되며 조선 왕조의 체제 정비를 마무리했다. 이 무렵 지방에 머물던 사림이 본격적으로 조선 왕조에 참여했고, 이후 벌어진 몇 차례의 사화에도 불구하고 결국 사림은 중앙의 정치 무대를 장악하고 조선을 성리학 질서가 지배하는 사회로 만들기 위해 많은 노력을 기울였다.

　나라가 세워지고 200여 년간 태평성대를 누렸으나 임진왜란과 두 차례의 호란이 이어지면서 조선은 건국 이후 가장 큰 위기에 맞닥뜨렸다. 사회 전체가 크게 흔들렸으며 이후의 조선은 이전과 구별되는 특징을 보이면서 조선 시대 후기 사회가 펼쳐진다.

　이어지는 《재밌어서 밤새 읽는 한국사 이야기 4》에서는 두 호란 뒤 조선에 등장하는 북벌 운동으로부터 시작하여 세도 정치의 등장과 그로 인한 사회 혼란, 백성들의 저항을 중심으로 조선 시대 후기의 역사를 살펴볼 것이다.

그림 목록

재밌어서 밤새 읽는
한국사 이야기 3

1판 1쇄 발행 2022년 8월 19일
1판 3쇄 발행 2023년 10월 5일

지은이 공명진·김태규·윤경수·이인용(재밌는이야기역사모임)

발행인 김기중
주간 신선영
편집 민성원, 백수연
마케팅 김신정, 김보미
경영지원 홍운선
펴낸곳 도서출판 더숲
주소 서울시 마포구 동교로 43-1 (04018)
전화 02-3141-8301
팩스 02-3141-8303
이메일 info@theforestbook.co.kr
페이스북·인스타그램 @theforestbook
출판신고 2009년 3월 30일 제2009-000062호

© 공명진·김태규·윤경수·이인용, 2022

ISBN 979-11-92444-15-4 04910
       979-11-92444-12-3(세트)

부모님들과 선생님들의 변함없는 선택!
가장 재미있는 청소년 학습 필독서

\<재밌어서 밤새 읽는\> 시리즈

\<재밌밤\> 시리즈는 계속됩니다

미래창조과학부인증 우수과학도서, 한우리독서올림피아드 추천도서, 한국과학창의재단 우수과학도서, 2020년 청소년 북토크 선정 도서, 학교도서관저널 추천도서, 한우리열린교육 추천도서, 경기중앙교육도서관 추천도서, 한국출판문화산업진흥원 청소년 권장도서, 서울시교육청도서관 추천도서, 정독도서관 청소년 추천도서, 행복한아침독서 추천도서, 김포시립도서관 청소년 권장도서, 경상남도교육청 김해도서관 사서 추천도서, 하루10분독서운동 추천도서 외 다수 선정

재밌어서 밤새 읽는 화학 이야기

재밌어서 밤새 읽는 물리 이야기

재밌어서 밤새 읽는 지구과학 이야기

재밌어서 밤새 읽는 수학 이야기

초 재밌어서 밤새 읽는 수학 이야기

초·초 재밌어서 밤새 읽는 수학 이야기

재밌어서 밤새 읽는 수학자들 이야기

재밌어서 밤새 읽는 수학 이야기 : 프리미엄 편

재밌어서 밤새 읽는 수학 이야기 : 베스트 편

재밌어서 밤새 읽는 수학 이야기 : 파이널 편

재밌어서 밤새 읽는 생명과학 이야기

재밌어서 밤새 읽는 인체 이야기

재밌어서 밤새 읽는 해부학 이야기

재밌어서 밤새 읽는 인류 진화 이야기

재밌어서 밤새 읽는 소립자 이야기

재밌어서 밤새 읽는 원소 이야기

재밌어서 밤새 읽는 진화론 이야기

재밌어서 밤새 읽는 유전자 이야기

재밌어서 밤새 읽는 천문학 이야기

재밌어서 밤새 읽는 식물학 이야기

재밌어서 밤새 읽는 공룡 이야기

재밌어서 밤새 읽는 한국사 이야기 1 : 선사 시대에서 삼국 시대까지

재밌어서 밤새 읽는 한국사 이야기 2 : 남북국 시대에서 고려 시대까지

재밌어서 밤새 읽는 한국사 이야기 3 : 조선 시대 전기

재밌어서 밤새 읽는 한국사 이야기 4 : 조선 시대 후기

재밌어서 밤새 읽는 한국사 이야기 5 : 조선의 근대화와 열강의 침입

재밌어서 밤새 읽는 한국사 이야기 6 : 일제 강점기에서 대한민국의 현재까지

무섭지만 재밌어서 밤새 읽는 과학 이야기

무섭지만 재밌어서 밤새 읽는 감염병 이야기

무섭지만 재밌어서 밤새 읽는 천문학 이야기

무섭지만 재밌어서 밤새 읽는 화학 이야기

무섭지만 재밌어서 밤새 읽는 식물학 이야기

재밌어서 밤새 읽는 수학 이야기 : 세트(전 7권)

재밌어서 밤새 읽는 한국사 이야기 : 세트(전 6권)